Dieter Hildebrandt versicherte ihm seine »Hochachtung« und wünschte ihm »das bleibende Vertrauen seiner Anhänger«, zu denen er gehöre. Werner Schneyder sah in ihm einen »Zerissenen zwischen geträumter Utopie und Realität, zwischen Trotz und Resignation, zwischen Unbeirrbarkeit und Betroffenheit«, und Peter Ensikat nannte seine Satire eine, »bei der der Spaß aufhört, harmlos zu sein«. In seinen fünfzig Jahren als Autor am Dresdner Kabarett Herkuleskeule und dreißig Jahren als Kolumnist der Sächsischen Zeitung wurde Wolfgang Schaller zu einem der bekanntesten Autoren im Lande und war wie kaum ein anderer im Osten satirischer Chronist der Jahre vor und nach dem Jahr Null der neuen Zeitenrechnung. Seine Texte erzählen mal komisch und mal nachdenklich, mal heiter und mal provokant mehr über die viel diskutierten deutsch-deutschen Befindlichkeiten als Leitartikel und Festtagsreden. Manche seiner Kabaretttexte und Kolumnen sind längst Kult und gerade jetzt, nach dreißig Jahren deutscher Einheit, hochaktuell. 2009 mit dem Stern der Satire auf dem Walk of Fame des Kabaretts und 2018 als Dresdner des Jahres ausgezeichnet, macht sich Schaller zu seinem 80. Geburtstag mit diesem Buch selbst ein Geschenk – und den Leserinnen und Lesern auch.

Eulenspiegel Verlag

1997 Vorwörter

1. Ich bin

Ein kleinbürgerlicher Revolutionär

Ich sitze gern an meinem Goldfischteich und denke über die Veränderbarkeit der Welt nach.

Wer Visionen hat, muss zum Arzt gehen, sagte Doktor Allwissend. Auch einem klugen Mann gelingt einmal ein dummer Spruch. Ohne Visionen gäbe es Stillstand. Der Fortschritt ist die Verwirklichung von Utopien. Sagte Oscar Wilde. Utopien sind eine Fata Morgana. Gehen wir auf sie zu, entfernt sie sich. Gehen wir weiter auf sie zu, entfernt sie sich weiter. Wir kommen nie an. Aber wir bewegen uns. Ich erinnere mich noch genau an jenen Oktobertag vor dreißig Jahren: Ich war in einem anderen Land. Ich wollte in kein anderes Land. Dort, wo ich herkam, war ich nicht zu Hause. Dort, wo ich hinkam, wollt ich nicht hin. Ich bin nicht weggegangen. Ich bin nicht angekommen. Als die Mauer fiel, da wusste ich: Jetzt ist es aus mit dem Traum vom menschlicheren Sozialismus. Das war ein Traum, den ich gar nicht mehr hatte. Aber dann kam der Gorbatschow mit Perestroika und Glasnost. Und da hatte ich noch mal den Traum. Er war wie ein Strohhalm, an dem ich mich festhielt. Mit der Lüge Hoffnung schrieb es sich besser. Ich habe an einen besseren Sozialismus geglaubt. Seitdem weiß ich, wie schön auch für einen Atheisten Glaube sein kann.

Ich bin wohl den Traum zu spät losgeworden. Nach jenen Oktobertagen 89 war ich plötzlich umgeben von lauter Widerstandskämpfern, die saßen alle gestern noch im Hintern der Partei. Ich kannte Rotkehlchen, die zur Wendezeit als Haubentaucher abtauchten und dann als alternde Schwarzdrossel wieder auftauchten. So vögelts sichs gut durch die deutsche Geschichte. So schnell konnte ich nicht umvögeln.

Damit Sie mich richtig missverstehen: Wir leben in einem schönen Land. Den meisten geht es gut. Vielen geht es so gut, wie es noch niemandem in diesem Land gutging. Wir haben alles, was wir brauchen. Wir haben alles, was wir nicht brauchen. Die meisten haben so viel, dass sie gar keinen Grund mehr sehen, früh aufzustehen. Und das ist vielleicht der Grund, warum wir verloren sind: Wir brauchen keine Träume mehr von einer besseren Welt. Wir haben keine Utopien mehr. Wir sollten zum Arzt gehen. »Der Traum wird geträumt werden bis zum Untergang der Welt. Menschen, denen das Träumen verwehrt wird, haben keine andere Heimat als den Wahnsinn.« Das sind Sätze von Heiner Müller, dem großen Dichter. Das Schönste an der DDR war der Traum von ihr. Das Schlimmste an der DDR war ihre Wirklichkeit. Das war ein vormundschaftlicher Staat mit Gesinnungsterror und Repressalien gegen Andersdenkende. Dieser Sozialismus musste untergehen. Weil er keiner war. Der Kapitalismus wird untergehen. Weil er einer ist. Die DDR war eine Diktatur der Ideologie. Der Kapitalismus ist eine Diktatur des Geldes. Wer Geld hat, für den ist der Kapitalismus die reinste Freiheit. Ohne Geld ist die Freiheit der reinste Kapitalismus. Nun sagten meine Kollegen und Freunde zu mir: 30 Jahre deutsche Einheit – du kannst darüber erzählen, du in deinem Alter. Na gut, das klingt so, als wäre ich bei der Oktoberrevolution schon dabeigewesen. Aber nun haben Sie mit diesem Buch meine gesamte Sprachlosigkeit zwischen einem verlorenen Dreigroschenstaat in der Diktatur und einer verlorenen Geldanlage in der Freiheit gekauft. Es schadet mir nicht, wenn Sie meine Notizen aus der fernöstlichen Provinz gar nicht erst lesen. Sie haben das Buch gekauft, ich erhalte zehn Prozent des Kaufpreises – der Geschädigte sind also höchstens Sie. Sie tun mir leid. Und wenn Sie beim Lesen feststellen, dass Sie ganz anderer Meinung sind – ich gestehe Ihnen: Ich kann meine Meinung auch nicht leiden. Sie macht mir nur Ärger. Aber ich habe leider keine andere.

2. Ich würde mich auch heute noch dagegen verwahren, dass ich

Ein alter Mann

bin, aber:

Das Elend hat angefangen, als ich in London in einen dieser überfüllten roten Busse stieg. Da stand ein junger Moslem auf und hat mir seinen Sitzplatz angeboten. Mit einer Geste machte er mir klar, dass ich alt bin. Ich gestehe, dass ich in diesem Augenblick für Sekunden einen Anfall von Fremdenfeindlichkeit verspürte. Da muss ich dem Seehofer recht geben: Moslems sind ein völlig fremder Kulturkreis. Einem Älteren einen Sitzplatz anbieten – in unserem Kulturkreis käme niemand auf diese Idee. Dann begannen die Auszeichnungen, die man automatisch erhält, wenn die Urne naht. Denn

Preise sind wie Hämorrhoiden, früher oder später er-
hält sie jedes Arschloch (ein Satz von Billy Wilder).
Dass ich Ehrenkommissar der Polizei wurde, über-
raschte selbst unseren Landtagspräsidenten, der den
Zu-Ehrenden küren sollte und mich beim festlichen
Empfang mit den Worten begrüßte: Nanu, was suchen
Sie denn hier? Ich verstehe seine Verwunderung, aus-
gerechnet mir Pazifisten einen Gummiknüppel und
Handschellen überreichen zu müssen, Symbole, die ich
inzwischen einem Sadomaso-Club geschenkt habe, wo
Menschen daran sicher Freude haben.

Mit meiner Nationalpreisspange habe ich übrigens
einem Schweizer Freund die Ordenssammlung berei-
chert. Es war ein beruhigender Augenblick, als zum
Auszeichnungsakt das gesamte Politbüro der SED an
mir vorbeizitterte: Die waren alle älter als ich. Mir fiel
der Kalauer ein: Tagesordnungspunkt eins: Einmarsch
des Politbüros, Tagesordnungspunkt zwei: Einschalten
der Herzschrittmacher. Dass der Fotograf ausgerechnet
jene Sekunde festhielt, in der mir Honecker die Hand
schüttelt, setzt mich heute dem öffentlichen Bannfluch
aus. Peter Ensikat und ich waren mit unseren Stücken
in der Hauptstadt verboten, ich durfte dort nicht lesen.
Wie gut passte das heute ins Poesiealbum des Wider-
stands, würde nicht dieses Foto alles versauen. Meine
Kollegen nennen mich seitdem »Untergrundkämpfer
mit hohen staatlichen Auszeichnungen«. Wir hatten
damals etliche Rechtfertigungen parat, warum wir den
Preis annahmen. Zensoren könnten nicht mehr so viel
herumzensieren, hofften wir. Aber es war vor allem
die Lust am Irrwitz, dass uns Honecker einen Preis
überreichen musste, ein alter Mann, der uns lieber der

Konterrevolution bezichtigen würde, hätte er unsere Texte gekannt. 1987 beorderte mich die Bezirksleitung zu einer Aussprache über einen Text, in dem der Sekretär eine Anspielung auf das Politbüro zu entdecken glaubte: Mit dem Vorturner würde ich Erich Honecker meinen. Ich antwortete, dass es nicht meine Schuld sei, wenn er so schmutzige Gedanken habe. Das müsse ich eigentlich melden. Der Text durfte gespielt werden.

Opas Turnverein

1987

Wir sind vereint im Turnverein
    wie andere im Chor.
Und Bernhard, der am besten turnt,
    der turnt uns immer vor.
Weils nämlich unser Bernhard
so ausgesprochen gern hat,
wenn er vorne stehen kann,
wo ihn jeder sehen kann,
fangen wir, weil Bernhard
doch einen guten Kern hat,
sogleich zu marschieren an,
dass er kommandieren kann.

Wir hecheln wie die Hunde,
    aber keiner von uns stöhnt.
Wir haben uns an Bernhard,
    unsren Vorturner, gewöhnt.
Klatscht der Bernhard in die Hände,
klatschen alle in die Hände.

Und fängt er an zu hampeln,
ei, wie wir alle strampeln.
Macht der Bernhard eine Wende,
machen alle eine Wende.
So muss es sein
in einem Turnverein.

Wir kommen mit den Jahren
    in die Jahre und sind alt.
Doch Bernhard turnt so gerne vor,
    so folgen wir ihm halt.
Da ist selbst unser Bernhard
vor so viel treuen Herrn platt.
Wenn auch die Gelenke knirschen,
wenn wir über Bänke pirschen,
liegt trotzdem unsrem Bernhard
das Kürzertreten fern. Statt
dessen bleibt er heiter fit,
und wir turnen weiter mit.

Wir kennen jede Übung,
    und wir denken längst nicht mehr.
Wir laufen treu dem Bernhard
    so wie früher hinterher.
Und wir rennen bei der Kehre
oft mit voller Wucht ins Leere.
Wir haben auch schon Beulen
von schlecht gezielten Keulen.
Und wir klatschen in die Hände,
und das Klatschen nimmt kein Ende.
So muss es sein
in unsrem Turnverein …

Die wertvollsten Preise sind die, die man nicht erhält. Die Stadt Dresden hat mir viermal den Kunstpreis verweigert. Das ist für einen Satiriker eine Ehre. Seit ich den Spruch las »Jedes Gemeinwesen ehrt seine gestorbenen Störenfriede«, erschreckt mich die Ahnung, sie könnten es mir postum noch antun.

Es gibt eine Ehrung, auf die ich stolz bin. 2018 haben mich Leser zum Dresdner des Jahres gewählt, eine Auszeichnung, die mir nicht zusteht angesichts der vielen großartigen Künstler, Wissenschaftler und Ärzte in dieser Stadt. Aber die sind halt alle jünger, da kann ich nichts dafür. »Herr Professor«, versuchte ich einen wunderbaren Chirurgen zu trösten, »werden Sie erst einmal achtzig, dann können Sie beim OP die Skalpellwunden mit ihren Ehrennadeln zunähen.«

13

Sie meinen es gut mit mir. Eine ältere Dame, die ihren Pekinesen Gassi führte, sprach mich kürzlich an: »Herr Schaller, bitte bleiben Sie uns noch ein bisschen erhalten.« Ein Lob kann ein Würgegriff sein. Ich gehe gern über Friedhöfe. Ich lese gern Grabinschriften. Meine liebste: Auf dem einen Grabstein steht: Hier ruht Waclaw Kasimir, der große Hütchenspieler. Und auf dem nächsten Grabstein steht: Oder hier. Gräber machen Spaß. Aber mit zunehmendem Alter frage ich mich bei meinen Friedhofsspaziergängen, ob es sich noch mal lohnt, nach Hause zu gehen.

Wer möchte schon alt werden? Sie kennen doch das Märchen vom Frosch und dem sechzigjährigen Mann, der mit einer sechzigjährigen Frau zusammenlebt. Und der Frosch sagt zu dem sechzigjährigen Mann: Lieber Mann, du hast einen Wunsch frei. Und da sagt der sechzigjährige Mann: O ja, ich möchte eine dreißig Jahre jüngere Frau. Und schwups – war er neunzig.

Brigitte Heinrich, Detlef Nier, Michael Rümmler als Rentner in dem 700 mal gespielten Kultstück von Ensikat & Schaller »Leise flehen meine Glieder«

14

Als ich 2005 für das Programm »Leise flehen meine Glieder« den folgenden Text schrieb, ahnte ich nicht, dass er fünfzehn Jahre später wie für mich geschrieben scheint.

Willst du mein Herz dir schenken

Willst du mein Herz dir schenken,
dann vor dem Herzinfarkt.
Lass uns an Liebe denken,
bevor wir eingesargt.
Sag nicht des Alters wegen
zu Lust und Laster stopp.
Und kauf dir einen Stützstrumpf
im Dolly-Buster-Shop.

Was sollen die Bedenken,
das Alter sei beschränkt,
weil das, was wir uns schenken,
ein bisschen tiefer hängt.
Du lebst, solang die Sünde
noch deine Falten strafft.
Nur wer lebendig tot ist,
benimmt sich tugendhaft.

Sie heulen nicht mit den Wölfen

Frank-Walter Steinmeier, 2009 Vize-Kanzler und Außenminister:
Peter Ensikat und sein kongenialer Partner Wolfgang Schaller erhalten den »Stern der Satire«, die höchste Auszeichnung für große Künstler der sogenannten Kleinkunst. Damit politisches Kabarett so gut ist, dazu braucht es vor allem eins: Zivilcourage und Urteilskraft, Mut und Haltung. Deswegen ist es vielleicht auch kein Wunder, dass mit Peter Ensikat und Wolfgang Schaller zwei Kabarettisten mit dem Stern der Satire ausgezeichnet werden, die in der DDR begonnen haben und auch in der wiedervereinigten Bundesrepublik keinen Grund gesehen haben, aufzuhören. Da zeigt sich ostdeutscher Eigensinn. Eine Erfahrung, die zu einer Haltung geworden ist und auf die wir nicht verzichten können. Sie haben im Osten gelernt, dass gutes politisches Kabarett mehr ist als nur lustig. Die scharfe Kompromisslosigkeit in

Ensikat und Schaller 1983
bei einem Friedensmanifest
im Theater Gera

der Kritik an sozialer Ungerechtigkeit im vereinten Deutschland wird jemandem, der die Unfreiheit der DDR erlebt hat, nicht selten als Undankbarkeit oder Nostalgie ausgelegt. Dabei ist diese Haltung genau das, was sie früher schon war, als die Mauer noch stand: eine Haltung, die nicht mit den Wölfen heult, sich nicht mit der sogenannten Wirklichkeit abfindet, sondern die durch Engagement und Einsatz verändern und verbessern will.

3. *Ohne*

Danksagungen

würde dieses Buch nicht ernstgenommen.

Ich bin in Demut dankbar, dass ich fünfzig Jahre ein Kabarett als Autor begleiten konnte, dessen Leiter ich über dreißig Jahre war, was ich ins Guinnessbuch der Rekorde eingetragen haben möchte.

Ich bedanke mich bei meinen Freunden mit Peter Ensikat an der Spitze, der für mich als Autor ein Glücksfall war und der jetzt sicher auf einer Wolke Skat spielt mit Dieter Hildebrandt und Werner Schneyder, denen ich sagen möchte: Es ist einsamer geworden ohne euch.

Ich denke dankbar an Jahre mit Wolfgang Stumph, mit dem ich schon zu Mauerzeiten auf den Kleinkunstbühnen in Köln, Zürich und München den damaligen Klassenfeind agitieren durfte, zusammen mit Rainer Schulze, der meine Lieder bis heute am Klavier singt, wenn er nicht grade in Wernigerode Klöster oder Kirchen vom Ruinendasein rettet.

Ich bedanke mich bei all meinen Kabarettkollegen, den jungen und den alten, die in den Proben aushielten, dass ich immer recht haben wollte. Weil ein Leiter nicht zeigen darf, wie sehr er zweifelt. Und die nicht nur meine Texte spielen, sondern nun auch noch dieses Buch nach den Vorstellungen verkaufen müssen, an der Spitze meine Kollegin Birgit, die ich seit fünfunddreißig Jahren näher kennenzulernen versuche und die als Erste meine Texte lesen und sagen darf, was ihr nicht gefällt, was mir nicht gefällt.

Ich bedanke mich bei der Sächsischen Zeitung, die seit dreißig Jahren meine Kolumnen zulässt, vor allen bei jenen Redakteuren, die das nicht verhindern, obwohl sie es verhindern könnten. Hut ab, denn keine andere Tageszeitung erduldet mit so viel Geduld meine gestammelten Werke.

Ich bedanke mich bei HL Böhme, dass ich seine Fotos, und bei mir, dass ich meine Plakatentwürfe verwenden darf.

Und ich danke meiner Oma, dass sie meine Mutter gebar, die mich sonst nicht hätte gebären können, so dass ich nicht auf der Welt wäre und heute feststellen könnte: Ich hätte was verpasst.

Das wars. Sie wissen nun das Wichtigste, was Sie schon immer nicht wissen wollten, und können das Buch zur Seite legen. Oder Sie werfen mit mir auf den nächsten Seiten einen Blick zurück nach vorn. Mal vor. Mal zurück. Mal vorzurückzurseiteran.

1994: Der Karikaturist Manfred Bofinger
zeichnet Wolfgang Schaller

22. Januar 2018, 17.22 Uhr. Es klingelt im Foyer der Sem-
peroper zum zweiten Mal. Die Götterdämmerung wird
fünf Stunden dauern. Ich habe Rücken. Warum gibt es
von Wagner keine Kurzfassung für Rückenkranke? In
der Staatsoperntoilette, vor dem Urinal, ist man nicht
gerade darauf vorbereitet, dass der Herr vom Nebenuri-
nal sich ohne Geschäftsunterbrechung zu mir dreht: »Ich
lese immer Ihre Kolumnen,

Was sagen Sie denn dazu?

Herr Schaller?«

»Ich habe dazu gar keine Meinung«, sage ich und ziehe
mir etwas zu vorschnell und heftig den Reißverschluss
wieder hoch.

»Ich frag ja bloß«, sagt der Mann und blickt wieder
gegen die Fliesen, »weil Sie doch sonst immer einen
Standpunkt haben.«

Vielleicht hatte ich früher einen Standpunkt, einen
Klassenstandpunkt. Aber seit es keine Klassen mehr
gibt, sondern nur Schichten, ist mein Standpunkt ein
Gehpunkt. Wenn ich was denke, denk ich, das könnte
die Wahrheit sein. Und dann denk ich das Gegenteil
und denke, das könnte die Wahrheit sein. Ich bin gespalten. Die Regierung ist gespalten, die Parteien sind
gespalten, das Volk ist gespalten. Warum sollte ausgerechnet ich nicht gespalten sein.

Ich hab manchmal so ein Gefühl, was die Wahrheit
sein könnte. Gefühle schaffen heute Fakten. Europa ist
ein bürokratisches Monster. Fakt ist: Das fühlen viele.
Und dann wählt das Volk nach Gefühl. Heraus kommt
der Brexit. Oder Trump. Es kam auch schon mal aus
so einem Gefühl Hitler raus.

Lieber Herr am Urinal: Ich habe auf Ihre Fragen keine Antworten. Ich habe mich im »einzig rechtmäßigen deutschen Staat« oft im Recht geglaubt. Je mehr man sich im Recht glaubt, umso mehr kann man irren. Ich habe erfahren, wie sehr man sich irren kann. Deshalb bin ich misstrauisch geworden. Mein Glaube ist der Unglaube. Ich sehe fern, aber ich sehe nichts. Ich werde informiert, aber ich weiß nichts. Diese Einsicht ist meine Weisheit.

Napoleon hat gesagt: Die Wahrheit der Geschichte ist die Lüge, auf die sich eine Mehrheit geeinigt hat.

Erster Irakkrieg – Hussein lässt in Kuwait Babys an die Wand schleudern. Dann stellte sich heraus: Das war eine in US-Studios gedrehte Lügenstory. Zweiter Irakkrieg: Massenvernichtungswaffen, und dann fand man nicht mal eine Silvesterrakete. Und jetzt die Fakes und die News und die Fake News über Russland und den Iran und über AKK und FKK und AKW von AfD und ARD und ABC …

Lieber Herr am Urinal: Was ich dazu sagen soll, weiß ich nicht. Ich fühl es nur.

Schon 1990 hatte ich

(K)eine gute Idee

beim Baden.

Ich will euch mal eine Geschichte erzählen. Gestern, beim Baden – also, ich saß in der Badewanne –, da hatte ich plötzlich eine Idee. Ich hab sie leider vergessen. Ich weiß nur noch, dass es eine großartige Idee war. Mir fiel einfach der Einfall nicht mehr ein. Ich hätte die Idee gleich aufschreiben sollen. Aber ich hatte in der Wanne weder Kuli noch Zettel in der Hosentasche.

Das muss Gott so ähnlich ergangen sein: Als er beim Baden im Ozean der Unendlichkeit so vor sich hinplanschte, da hatte er plötzlich für Sekunden eine schöne Idee, wie er eine gerechte Welt voller friedensfähiger Menschen erschaffen könne. Aber als er aus Lehm sein Modell zu basteln begann, hatte er die Idee vergessen. So was kann passieren, auch Gott ist nicht mehr der Jüngste.

Und weil Gott Menschen nach seinem Bilde schuf, litten die Menschen seit Menschengedenken auch alle unter Vergesslichkeit. Sie hatten immer wieder einmal für Sekunden geniale Ideen. Sie begannen für diese Ideen zu beten, zu leiden, zu sterben. Aber sie wussten nicht mehr, was für eine Idee es war, die ihnen Freiheit und Gleichheit und Brüderlichkeit versprochen hatte.

Sie hörten die Propheten »Folgt uns!« rufen, schritten fort ins Verderben und nannten es Fortschritt. Doch keiner konnte sich an die Idee erinnern. Aber selbst diejenigen, die erschossen, enthauptet, geviertteilt in den Schützengräben der Ideen herumlagen, wussten noch, dass es eine großartige Idee war. Offensichtlich aber hat sich nun die Menschheit entschlossen, keine großen Ideen mehr zu gebären. Weil sich herumgesprochen hat, dass im Namen von Ideen immer Millionen von Menschen ins Gras des Schlachtfeldes beißen mussten. Und wer will bei uns heute noch ins Schlachtfeld ziehen, wenn er selbst vor der Schlachteplatte sitzt?

Andererseits: So ganz ohne Idee leben, ist auch keine gute Idee. Selbst mit der verlogensten Utopie lebt es sich leichter als mit gar keiner. Wenn ich Sisyphos gleich einen Stein den Berg hinaufrolle, möchte ich wenigstens trotz besseren Wissens glauben, dass der Stein auf dem Gipfel liegenbleibt. Ich möchte mir nicht eingestehen, dass er den Berg wieder herunterrollt und die sinnlose Plackerei von vorn beginnt.

Wenn das Ziel die Wahrheit ist, muss man sich ständig selbst belügen, um der Wahrheit näherzukommen. Natürlich muss der Stein wieder vom Gipfel herunterrollen. Schon deshalb, damit ich mich mit ihm erneut bergauf schinden kann. Und wir wollen doch, dass es immer weiter bergauf geht.

Warum wir das wollen? Das hab ich vergessen. Gestern in der Badewanne wusste ich es noch. Na ja, war ja nur mal so'ne fixe Idee …

Vor dem Blick zurück ein Blick geradeaus, denn

Die Jäger sind unter uns

2019

Ausgrenzen. Das ganze Gesindel hinausfegen mit einem eisernen Besen. Sagte Goebbels. War Goebbels ein Nazi? Wenn wir kommen, dann wird ausgemistet. Sagt ein Bundestagsabgeordneter der AfD. Herr Gauland wollte eine Integrationsbeauftragte in Anatolien entsorgen. Den »ganzen Mischmasch« nannte man das einst und entsorgte ihn. Herr Gauland sagt, die AfD ist eine bürgerliche Partei. Der oberste Verfassungsschützer sagte: Es gab keine Hetzjagden in Chemnitz. Nur in Maaßen. Schreier schrien dem jüdischen Restaurantbesitzer entgegen: Judensau. Es gab keinen Mob. Sagte der Ministerpräsident. Politiker sind nach dem Attentat in Halle unheimlich betroffen. Sie waren nach den NSU-Morden unheimlich betroffen. Nach dem Attentat auf dem Berliner Weihnachtsmarkt waren sie unheimlich betroffen. Die Sicherheitsbehörden hätten diese Attentate verhindern können. Aber sie wussten ja nichts davon. Sie hatten ja die Akten vernichtet. Diesmal hat eine Synagogentür mehr Menschen vor rechtem Terror gerettet als der Verfassungsschutz. Björn Höcke will eine neue Keimzelle der Volksgemeinschaft, und das gehe nicht ohne wohltemperierte Grausamkeit, menschliche Härte und unschöne Szenen. Der Oberbürgermeister darf die AfD nicht schädliches Element für Dresden nennen. Das ist nicht von der Meinungsfreiheit abgesichert. Der Pegidaführer will Gräben graben, grüne Volksschädlinge und Volksfeinde hinein, und dann den

Graben zuschütten. Das ist von der Meinungsfreiheit abgesichert? Seehofer sagt, die Gamer sind schuld. Vor einem Jahr sagte Seehofer: Wir sind nicht das Sozialamt der Welt. Das sagte auch die NPD. Seehofer ist über Seehofer sehr betroffen. AfD-Gründer Lucke will an der Hamburger Uni einen Vortrag halten. Studenten rufen Nazischwein. Weil er einst Flüchtlinge sozialen Bodensatz nannte? Das wird man doch mal sagen dürfen. Literat Peter Handke wird vom Feuilleton zerrissen. Weil er sich ans Grab des Serbenführers verirrte. Da darf er keinen Nobelpreis kriegen! Weg mit Wagner seines unerträglichen Antisemitismus wegen? Raus aus den Bücherregalen mit Goethes Wilhelm Meister, dessen eine von zwei von ihm gepimperten Frauen erst zwölf Jahre alt war? Wo bleibt die Me-too-Polizei? Schlampe, schreit eine besorgte Bürgerin die Kanzlerin nieder. Es braucht doch jeder sein Feindbild, Politiker oder Moslem oder Jude oder Russe oder – wenn er gar nichts anderes findet – die eigene Frau. Faschismus kommt von fascio, das war ein Rutenbündel, das Symbol römischer Herrscher, mit einem Beil in der Rute als Zeichen, dass sie in ihrer Macht über Leben und Tod entscheiden konnten. Wer trägt heute noch das Rutenbündelbeil im Kopf? Ausgrenzen! Entsorgen? Freiheit ist immer auch die Freiheit der Andersdenkenden. Für diese Losung wurden Bürgerrechtler in der DDR-Diktatur verhaftet. Wo hört die Meinungsfreiheit auf? In der DDR war der Antifaschismus nur verordnet, sagt ein Bürger. Lieber einen verordneten Antifaschismus als einen geduldeten Faschismus, sagt ein anderer Bürger. Nazis raus, Linke verbieten, Merkel weg! Wohin? Auf einer Schaufensterscheibe steht handgeschrieben: Alles muss raus.

Es war noch mitten in der DDR, als ich zum Zeiten-
wechsel 89 zu 90 einen Funktionär der mittleren Ebene
an sein

Liebes Volk

eine Neujahrsansprache halten ließ:

Liebes Volk! Ich habe mich beauftragt, die Neujahrsansprache an dich zu halten. Denn du kannst mir das Wort
entziehen, aber nicht das Manuskript. Ich habe eine
hohe Funktion in der mittleren Ebene. Meinen Sessel
hat noch keiner entdeckt, denn es gibt zu viele davon,
als dass die paar Bürgerrechtler reichen würden, sie alle
zu orten. So kann ich also noch in voller Verantwortung
sagen: Ein Jahr geht seinem Ende entgegen – wir nicht!
Wir sehen keinen Grund, die Flinte in unseren Ehren-
kranz aus Korn zu werfen. Darum, Genossen aller Organe: Verkriecht euch nicht länger! Im Herbst gelang es
zwar dem Volk, unsere Menschen gegen uns aufzuwie-
geln. Aber nun sammeln wir uns wieder zum 1. Treffen
der Vertriebenen. Das Volk sagt, wir hätten Fehler gemacht. Welche Fehler haben wir gemacht, Genossen? Es
stimmt: Wir hatten das Volk nicht hinter uns. Aber war
das ein Fehler, Genossen? Nein, das war kein Fehler, Genossen! Ein Volk, das hinter uns steht, hätten wir nicht
so gut beobachten können. Wie kann man von einer
Führung verlangen, an der Spitze zu marschieren und
gleichzeitig das Gesicht dem Volke zuzuwenden?! Das
soll mir mal einer von den ewig Morgigen vormachen,
ohne zum Wendehals zu werden! Nein, unser ehemaliger Ältestenrat hat keine Mühe gescheut, dem Volk hin-
terherzulaufen, um besser zu sehen, wer aus der Reihe

marschiert. War das ein Fehler, Genossen? Ein Fehler war: Wir hätten die Mauer nicht öffnen dürfen. Sondern die Internierungslager. Während sie riefen: Stasi raus!, hätten wir befehlen sollen: Volk rein! In den Lagern hätten sie demonstrieren können, solange sie wollen. Immer im Kreis herum. Immer an uns vorbei. Fast hätten wir es geschafft. Mit schlagenden Argumenten als Zeichen unserer Bürgernähe. Wir waren ganz nah dran. Das sollten wir nie vergessen! In unseren Stasikellern haben wir die Behauptung widerlegt, die Familie sei die kleinste Zelle der Gesellschaft. Aber das Erreichte war noch nicht das Erreichbare! Wir waren uns sicher: Der Sozialismus siegt! Wir hätten es schaffen können! Von Berlin bis Peking haben wir jahrzehntelang bewiesen: Wir hatten genügend friedliche Panzer. Die hätten sogar gereicht, um unsere westdeutschen Klassenbrüder vom Kapitalismus zu befreien. So weit haben wir nicht gedacht, Genossen! Das war unser Fehler, Genossen! Sonst könnten wir jetzt die Amtsstuben in München und Hamburg besetzen. Unsere Betriebsdirektoren wären mit Günter Mittag an der Spitze als Inostoren gen Westen gezogen und hätten die Betriebe übernommen. Dann wäre diese ganze großmaulige BRD-Wirtschaft in kürzester Zeit pleite gewesen. Wir hätten es schaffen können! Wäre das Volk nicht gewesen. Ohne Volk hätten wir gesiegt. In diesem Sinne, liebes Volk, rufe ich dir mit meinem historischen Optimismus zu: Unsere Zeit wird wiederkommen. Getreu der alten Arbeiter- und Bauernregel: Wenns Silvester schneit, ist Neujahr nicht mehr weit! Keiner soll glauben, er könne ungestraft das Volk gegen unsere Menschen aufwiegeln. Prost!

Wie sich die Bilder gleichen: 2010, also zwanzig Jahre später, hört sich ein Appell aus dem

Club der anonymen Politiker

ganz anders ähnlich an:

Liebes Volk! Es ist in letzter Zeit in Mode gekommen, sich als Mob in Stuttgart, Gorleben oder Berlin zusammenzurotten. Dabei ist es euch doch ganz egal, ob in Stuttgart die Züge oben, unten oder überhaupt nicht halten, ob der Castor mit Atommüll oder Cola light gefüllt ist und ob wir euch mit unserer Politik betrügen oder verarschen! Ihr wollt doch nur gegen uns stänkern! Demokratie, so meint ihr, heißt Volksherrschaft. Das stimmt. Ihr seid das Volk. Aber wir sind die Herrschaft. Ihr seid das Volk. Aber wir sind die Vertreter. Und bei einem – nur mal als Beispiel – Kundengespräch eines Staubsaugervertreters – wer hat denn da das Wort? Etwa der Staubsauger? Nein, der Staubsauger schweigt. Und deshalb verlangen wir Vertreter vom Volk ebenfalls, dass es schweigt, statt mit seinem Unmut über eine angebliche Arroganz der Mächtigen Unruhe zu stiften. Ruhe ist die erste Bürgerpflicht. Schon Kaiser Wilhelm wusste: »Alles Unglück beginnt damit, dass das Volk zu denken anfängt!« Ihr macht uns Sorgen! Ohne Volk hätten wir es leichter. Wundert es euch da, dass uns das Volk stört, wenn es uns immer stört?! Ihr könnt euch von euren Sorgen wenigstens ablenken: Allein der MDR sendet euch so viel Volksmusik zum Mitschunkeln ins Haus, da flüchtet doch jeder Widerstandswille freiwillig. Wir erleichtern euren Alltag: Ihr müsst nicht mehr selber kochen. Ihr könnt zusehen, wie im Fernsehen gekocht wird! Ihr könnt demokratisch mitbestimmen, wer bei Dieter Bohlen Superstar wird und unter hundert Biersorten eine wählen. Und trotzdem seid ihr nicht zufrieden? Wir haben die Nase voll von euch! Wir wollen den mündigen Bürger, aber nicht den, der den Mund aufmacht! Auf euch ist kein Verlass! Ihr macht mit uns, was ihr wollt! Aber jetzt ist Schluss damit! Wir lassen uns einfach von euch nicht mehr wählen!

Ich bin natürlich in meinem Blick zurück nach vorn
nicht objektiv und habe vieles

Durch die Brille betrachtet

weil:

Es gab in diesem dahingeschiedenen Land vieles, für das ich mich schämte. Kam ich mit Westdeutschen zusammen, konnte ich vor ihnen trotz meines Versuchs, ihnen nur die liebenswerten Stellen meiner Stadt zu zeigen, nicht die Kellner verbergen mit ihrem mürrischen »Bockwurscht is aus!« und nicht den dahingammelnden Rotkohl in den Auslagen meines Gemüseladens und nicht den herunterbröckelnden Putz an der Fassade, den ein Transparent mit der unbesieglichen Inschrift UNSER WEG IST RICHTIG zu verbergen suchte.

Wir hatten wenig Grund, auf diesen richtigen Weg stolz zu sein. Und obwohl mich Sport nie interessierte, wuchs doch bei olympischen Goldmedaillen ein bisschen das Selbstbewusstsein unterm Brustbein. Einmal waren wir wer! Einmal lachte die Welt nicht über uns! Beim Fußballspiel gegen die Bundesrepublik – wir waren mit dem Ensemble zwecks Gastspiel in Budapest – schummelten wir uns in ein ungarisches Hotel, in dessen Lobby eine westdeutsche Touristengruppe das Spiel per Fernsehapparat mit lautem Optimismus und unser Eindringen mit leisem Misstrauen verfolgte. Wir bekamen, längst durch sächsische Urlaute unsere Herkunft verratend, von unseren Brüdern und Schwestern spöttische Blicke und für Ostgeld vom Kellner kein Bier. Doch als Sparwasser jenes legendäre Tor schoss, schoss der Kellner mit anerkennendem Nicken und Becks-Bierbüchsen auf uns zu. Und die Gruppe blickte stumm hinter uns im Kreis herum.

Wir waren in diesem Augenblick wenigstens einmal die Sieger der Geschichte.

Doch als ich Wochen später westdeutsche Freunde bei der Verabschiedung auf dem Dresdner Hauptbahnhof nicht davon abhalten konnte, das Bahnhofsklo zu benutzen, wurde mir die Realität wieder unbarmherzig bewusst. Sie war beschissen.

Wolfgang Stumph als Klomann Richard

1990. Der

Klomann Richard

blickt zurück

Ich bin der Richard. Vom Männerklo. Früher, als ich noch die volkseigene Bahnhofstoilette auf dem Bahnhof hatte, ich will da gar nicht klagen: Das Geschäft florierte. Ich konnte mir immer sagen: Richard, der Tag war nicht umsonst! Heute hast du wieder vielen Leuten aus der Not geholfen. Das war ja für die meisten so eine Art Befreiung.

Manchmal stand eine Schlange bei mir. Manche haben sich angestellt, weil sie dachten, es gibt Bananen. Wenn die alle so anstanden in dringenden Angelegenheiten, das tat mir in der Seele weh. Da hab ich Nummern ausgegeben in der Spitzenbelastungszeit. Mit der Uhrzeit drauf, wann sie dran sind. Das hat sich aber in der Praxis nicht bewährt. Die kamen alle auf den letzten Drücker.

Ich wollte nicht, dass es bei mir so aussieht wie auf den anderen Klos, wo man nicht mehr rauskam, weil man an der Brille festklebte. Bei mir wars immer sauber. Die Brille geputzt, die Kacheln poliert, ich sage immer: Das Auge pullert mit!

Einen Staat, bei dem der Arsch anklebt, konnte man doch nicht lieben. Deshalb war ja auch 89 die Kacke am Dampfen. Deshalb sind ja auch so viele abgehauen nach dem Westen. Bloß weil die Westklos besser riechen. Ich wollte aber damals, dass es die, die hierbleiben, auch ein bissel gemütlich haben. Dass sie sich bei mir wie zu Hause fühlen.

Weihnachten zum Beispiel, da hab ich Räucherkerzen aufgestellt, da roch es bei mir wie bei Christus in der Krippe.

Ich hatte auch ein Radio angebracht hinterm Spülkasten. Sie wissen ja: Mit Musik geht alles besser.

Und wenn ich in die glücklichen Augen der Kundschaft gesehen hab, so was hat mich angespornt. Denn die Losung der Partei hieß ja: Mach mit, machs nach, machs besser!

Heute bin ich Teilhaber der Pissoirkette »Interclo & Co«. Meine erste Neuanschaffung waren Brillen von Fielmann. Da können Sie jetzt frei wählen zwischen erster und zweiter Klasse. Für die feinen Pinkel gibt es jetzt den Abort de luxe, sozusagen für die Besserverdienenden. Auf meinem Abort de luxe wird die Bedürfnisbefriedigung zum Wellnesserlebnis. Dank Ärkondischn und interaktiver Heiteck-Rinne. Und einem Solarium obendrüber, damit die Sonne auch mal auf die blassen Hintern scheinen kann. Da fühlt sich jeder wie im Urlaub. Ich hab auch schon einen Animateur angestellt. Es macht ja heutzutage keiner mehr was von alleine.

Und jetzt expandiere ich. Man muss sehen, wo es billiger ist.

Ich lass jetzt in Polen pullern. Das ist der Preis der Klobalisierung.

Ich hab auch keine Angst vor der Zukunft. Egal wie die Weltlage ist: gepullert wird immer.

Meine

Stellungnahme zum Wetter

Frühjahr 1989, zur Wahl

Während die Meteorologen unbeirrt ein Hoch
    verkünden,
hält sich das Tief beharrlich über unserem Raum.
Mit sinkendem Barometer sinkt mein Vertrauen
in den Wetterbericht.
Die Statistiker hoffen, mich mit der Bekanntgabe
von 98 Prozent Sonnenschein
beruhigen zu können.
Sie haben sich verrechnet.

Die werten Werte

scheint dringend geboten

Liebe Mitbürger und Mitbürgerinnen! In den Talk-
runden unserer öffentlichen Bedürfnisanstalten ist ein
Schönheitswettbewerb um die besten deutschen Werte
ausgebrochen. Ob schwarzblütiger Innenminister oder
blaublütige Adelswitwe, ob BILD fürs Volk oder SPIE-
GEL für den gehobenen Anspruch, sie alle beklagen, dass
unsere Werte nichts mehr wert sind. Welche Werte in-
teressieren denn den gemeinen Deutschen heute noch?
Seine Cholesterinwerte. Gehen Sie mal um die Ecke zum
Hotel Garni. Wissen Sie, was da auf einem Schild steht?
Frühstück täglich bis 16 Uhr. Bis 16 Uhr Frühstück!
Das geht gar ni! Bei uns zu Hause wurde täglich sieben
Uhr gefrühstückt. Immer! Werktags, sonntags. Auch am
Weihnachtsabend. Pünktlich sieben Uhr! Ein Land, in
dem du bis 16 Uhr frühstücken kannst, das kannst du
zuschütten! Wann soll denn da der deutsche Fleiß zum
Einsatz kommen? Nach 16 Uhr vielleicht? Versetzten
einst des Deutschen gestutzter Vorgartenrasen und sein
geputztes Auto die Welt in Staunen, so zeugen heut al-
lerorts Falschparken und unsortierte Flaschen von der
Verschlampung der Sitten. Statt auf deutschen Pfaden
zu wandern kommen immer mehr Bürger und Bürge-
rinnen vom Weg der Tugend ab. Liebe Wanderfreunde
und -freundinnen: Wer trägt denn Schuld am Werteverfall? Als Kind lehrte mich ein Schlager: Schuld ist nur
der Bossanova. Aber ich sage Ihnen, liebe Deutsche und
Deutschinnen: Das ist nur die halbe Wahrheit! Die ganze

Wahrheit heißt: Schuld sind die Achtundsechziger! Wer hat uns denn den Mief der fünfziger Jahre weggenommen, nach dem wir uns heute wieder sehnen? Nach der Pflichterfüllung, mit der man einem Vorgesetzten in den Hintern zu kriechen hat, statt ihm über den Mund zu fahren? Oder nach der Bis-dass-der-Tod-uns-scheidet-Ehe. Eine Fürstin hat es bei Maischberger auf dem Sofa erklärt: Man bleibt aus soldatischer Disziplin zusammen. Auch in Zivil trägt der Geist Uniform. Zucht und Ordnung hieß das Thema der Runde. Wer heut nach Zucht und Ordnung im Internet sucht, wird auf SM-Werbeseiten von Dominas empfangen. Aber hat dieser moralische Verfall nicht schon in der Ostdiktatur begonnen, als sich öffentlich Männer und Frauen am hellerlichten FFK-Strand kollektiv auszogen, während sich ihre Brüder aus den westlichen Bruderländern einsam und angezogen im Dunkeln anständig mit Pornoheften begnügten? Bischof Mixa führte diesen Werteverfall auf den Atheismus zurück und mahnt: »Ohne christlichen Glauben gibt es keine Menschlichkeit!« Deshalb, liebe Atheisten und Atheistinnen: Lasst euch von Bischof Mixa christianisieren. Denn nur Christen kennen Werte. Mit Juden, Moslems oder gar Atheisten ist keine deutsche Leitkultur hinzukriegen. Und wer meint, eine Ursache für den Werteverfall sei ein System, in dem das Geld der einzige angebetete Gott unserer Zeit ist und die Börse ihr Prophet und Besitz und Shopping geheiligte Ersatzreligionen, der ruft zum zivilen Ungehorsam auf. Und Ungehorsam ist kein deutscher Wert. Liebes Volk und liebe Völkinnen: Wer aufmüpfig ist, durfte in Deutschland noch nie in der ersten Reihe sitzen. Wer einen Platz am Stammtisch haben will, der muss sich dieses Platzes wert erweisen.

Die Ostdeutschen sind undankbar. Sie fühlen sich mimosengleich zurückgesetzt und nicht ernst genommen. Ich denk, es ist nicht das Geld, das sie weniger verdienen, nicht die Rente, die niedriger ist. Sie waren endlich ihre verhasste Politclique los, aber auch ihre Identität. Ihr Leben galt nichts mehr. Der Einigungsvertrag sah vor, im vereinten Deutschland auf die Melodie der bundesdeutschen Hymne den Text der ersten Strophe der Bertolt-Brecht-Hymne zu singen. Es ist ein wunderbarer Text für eine Hymne: »Anmut sparet nicht noch Mühe/Leidenschaft nicht noch Verstand,/dass ein gutes Deutschland blühe/wie ein andres gutes Land.« Es wäre ein Zeichen gewesen für ein neues Deutschland. Aber Sieger ertrugen nichts, was an die Besiegten erinnert, keinen Palast der Republik, keine Poliklinik, keine Ausbildungsabschlüsse. Ich schrieb zum 20. Jahr der deutsche Einheit 2010

Ich möcht nicht länger Ossi sein

als Versuch, diese ostdeutsche Wehleidigkeit zu erklären.

Zwanzig Jahre deutsche Einheit. Politiker üben honigreiche Sprechblasen über Deutschlands Einheit und die Revolution der neuen Bürger aus den neuen Ländern.

Wie lange bin ich alter Bürger eigentlich noch neuer Bürger in den fast zwanzig Jahre alten, aber ewig neuen Ländern? Und warum bin ich in diesem einig Volk von Brüdern immer noch der Ossi, der laut FAZ vom 22. März 2009 »die ganze Republik ossifiziert«?

Höchste Zeit zur Entschuldigung, dass ich in die so »freiheitsliebende Gesellschaft« getreten bin und kein anderes Mitbringsel im Gepäck hatte als den grünen

Pfeil und das Ampelmännchen. »So kamen das Gift, die Lüge und die Heuchelei in die deutsche Politik.« FAZ, März 2009.

Aber der bekannte Historikprofessor Arnulf Baring hat schon 1992 vor den »verzwergten verhunzten« Ostmenschen gewarnt, die, »wegen ihres unbrauchbaren Wissens nicht weiter verwendbar sind«. Das Niveau der Debatte um die DDR-Vergangenheit ist so niedrig, dass ich auf allen Vieren kriechen muss, um es zu sehen.

Freunde aus den westlichen Bruderländern: Ihr habt uns mit euren Beamtentruppen besetzt, und wir haben euch dafür aus Rache unsere Angie geschenkt. Nun sind wir quitt. Nun lasst den Ossi mal Deutscher sein.

Wieso ist Andreas Dresen ein »ostdeutscher Filmemacher«? Nennt jemand Volker Schlöndorff einen westdeutschen Filmemacher? Alle DEFA-Filme sind laut Schlöndorff furchtbar. Kein DDR-Maler kommt in der Ausstellung Deutsche Malerei vor. Der Bücherpapst warf seine Bannbulle auf alle ostdeutschen Schriftsteller. Der Dichter Christoph Hein durfte mit seiner Ossivergangenheit kein Intendant werden. Weil sie alle »verzwergt und verhunzt … nicht weiter verwendbar« sind.

Aber die Bücher von Christa Wolf und die Sportreportagen von Heinz Florian Oertel und die Bilder von Wolfgang Mattheuer und die Lieder von Silly waren für uns in der DDR Lebensmittel.

Nein, es war keine Einheit von zwei Teilen. Der Osten blieb Zone. Anschlussgebiet. Die ganze Ostelite wurde auf den Müllhaufen geworfen. Wer einst Diplomat war oder Offizier oder Bürgermeister, durfte nun auf dem Arbeitsamt betteln. Millionen verloren durch die kriminellen Machenschaften der Treuhand, die den Rest des rentablen Volkseigentums verschleuderte, ihre Arbeit. Das war die größte Enteignung von Eigentum seit dem Dreißigjährigen Krieg. Das war Unzucht mit Abhängigen.

»Sie behandeln uns wie einen besiegten Stamm. Ohne uns zu fragen, werfen sie wichtige Einrichtungen hier über den Haufen und oktroyieren dafür nach Gutdünken andere. Da kommt doch jeder Kerl von dort mit der Miene eines kleinen persönlichen Eroberers und als müsse er uns erst die höhere Weisheit bringen. Auf diese Weise einigt man Deutschland nicht.«

Das schrieb Theodor Storm, 1867. Als die Preußen Schleswig-Holstein besetzten.

Die die Mauer stürmten: das waren die Ostdeutschen. Ohne sie hätte es keine Einheit gegeben. Auch wenn Kohl Kanzler der Einheit genannt wurde, muss ich darauf verweisen, dass der Kanzler bei einem Polenbesuch nachts, als die Mauer fiel, in einem Warschauer Hotelbett ruhig schlief. Und was man dann seinen Mantel der Geschichte nannte, war lediglich sein Nachthemd. Und als zum Tag der Einheit der greise weise Dichter und Spiritus Rector kritischen DDR-Denkens Stefan Heym als Alterspräsident in seiner Rede im Bundestag zu Toleranz und Verständnis aufrief, verweigerte ihm die gesamte Unionsfraktion (außer Rita Süssmuth) den Applaus.

Lieber westdeutscher Freund: Ein Volk mit dem Mut zur Revolution erträgt keine Demütigung. Ja, ihr habt Milliarden in den Osten gepumpt, der nun so undankbar ist. Aber Geld ist kein wärmender Schal für die verletzte Seele. Neue Autobahnen machen nicht glücklich. Meine Güte, das weißt du doch aus der deutschen Geschichte! Sorry, dass ich das alles noch mal ausgrabe. Ich bin zu alt, um zu vergessen.

PS 2019: Ich sehe mich zu folgender Gegendarstellung verpflichtet: Sollte ich einen Eindruck erweckt haben, so ist er falsch. Die Ostdeutschen sind mit dem Ruf »Wir sind das Volk!« 1989 auf die Straße gegangen. Es wird ihnen in den Festtagsreden nachgesagt, sie wollten die Demokratie, also die Volksherrschaft. Aber die meisten wollten einen Volkswagen. Was ich verstehe. Was ich nicht verstehe: Dass sich nun alle ereifern, in diesem Lande regieren nur das Geld und die Banken und gar nicht das Volk. Es hätte doch jeder wissen müssen, dass dieses System so ist, wie es heißt: Kapital – is – muss! Wer sich jetzt darüber beklagt, hätte im Parteilehrjahr besser aufpassen müssen. Wer also die Diktatur wiederhaben möchte oder wenigstens ein kleines Diktatürchen à la DDR: Zu spät!

Auch ich war ein Flüchtling mit lockigem Haar

An einen unbekannten Bekannten, den Herr Gabriel »das Pack« nannte

Lieber Herr Pack, Du kennst mich nicht, aber ich bin Dir schon oft begegnet. Deshalb duze ich Dich. Ich traf Dich zum ersten Mal, als Du mit einem Schwarz-Rot-Gold-Fähnchen in der rechten Hand riefst: »Kommt die D-Mark nicht zu mir, komme ich zu ihr!«

Weißt Du noch, wie Du am Einheitstag mit einem Sektglas in der Hand »Einigkeit und Recht auf Freiheit« sangst?

Wir wachten am 3. Oktober in einem anderen Land auf. Wir waren beide Flüchtlinge, ohne einen Schritt aus dem Haus gegangen zu sein. Flüchtlinge ohne Flucht sozusagen. Es ist an der Zeit, unseren Freunden aus den westlichen Bruderländern mal Danke zu sagen, dass sie vor fünfundzwanzig Jahren 17 Millionen Wirtschaftsflüchtlinge aufgenommen haben. Du hattest nun endlich Deine Banane und kannst heute gar nicht verstehen, warum Menschen aus Ländern, wo die Bananen vor der Haustür wachsen, zu uns flüchten.

Dich trieb damals die Sehnsucht nach den bunten Katalogen ins Paradies. Blöderweise warst Du ein Jahr später arbeitslos. Da hattest Du nun die Schnauze vom Kapitalismus voll und bist nicht mehr wählen gegangen. Aus Protest gegen die Politiker. Aber die Politiker haben Deinen Protest gar nicht bemerkt. Das hat Dich wütend gemacht.

Vor einem Jahr hast Du zum ersten Mal ein Kopftuchmädchen über den Altmarkt strömen sehen. Und da hast Du Dich gefürchtet, denn Du kanntest diese fremden Kopftuchmädchen nicht. Du dachtest, das Kopftuchmädchen will Dir den Arbeitsplatz wegnehmen, obwohl Du gar keine Arbeit hattest. Deshalb warst Du froh, Dich jeden Montagabend ins spazieren gehende Volk einreihen zu können. Da warst Du mit Deiner Wut nicht mehr allein. Ich verstehe, dass Du sauer bist. Der Herr Seehofer hat vor Jahren gerufen: Weg mit den Asylschmarotzern! Und wenn Du das nun rufst, bist Du gleich ein Nazi. Der Herr Seehofer nicht. Da hast Du schon mal auf einen Politiker gehört, und da gab es nur Undank dafür.

Lieber Herr Pack: Ich besitze ein vergilbtes Foto, da sitze ich als belocktes Kind auf einem Leiterwagen, und meine Mutter zieht mich raus aus Breslau, als der beleuchtete Himmel so schön aussah. Das sind Christbäume, sagte meine Mutter, obwohl gar kein Weihnachten war. Wir wollten weg von den Bomben. Aber dort, wo wir hinwollten, wollten sie uns nicht. Die nehmen uns doch nur alles weg, wo wir selbst nichts haben, schrie uns einer entgegen. Er sah aus wie Du. Du warst immer schon da. Du hast immer schon geschrien.

Aber Deine Schreie werden sie nicht aufhalten. Sie werden über alle Mauern klettern, aus den Ländern, deren Armut uns half, reich zu werden. Sie werden ein Stück von unserem Kuchen haben wollen, den wir auf ihre Kosten gebacken haben. Wir haben mit unseren Hühnerabfällen ihre Lebensmittelindustrie zerstört, mit unseren Altklamotten ihre Textilindustrie, wir fischten ihre Seen leer. Wir haben ihnen Kriege gebracht, im Kosovo, im Irak, in Syrien, und wir haben dagegen nicht protestiert, obwohl wir wussten: Wer Kriege sät, wird Flüchtlinge ernten. Es wird eine Völkerwanderung sein.

Ich hab davor Angst wie Du. Aber ich hab auch Angst vor Dir.

Ich mach mal einen Vorschlag: Wir nennen sie nicht mehr Asylanten. Sondern Menschen. Und dann nennt Dich keiner mehr Pack. Ist das fürs Erste o.k.?

Wir haben immer Angst. Erinnern Sie sich: Vogelgrip-
pe! Eine Panik! Millionen werden sterben, titelte BILD.
Massenhaft wurde Federvieh gekeult. In Mecklenburg
soll sogar ein Bauer seine Frau erschlagen haben, nur
weil sie Gänsehaut hatte. Oder: Angst vor Zecken. In je-
der Zeitung, auf allen Fernsehkanälen, jedes Frühjahr:
Zeckenplage. Und auf mich fliegen die so! Ich steh in
der Gemäldegalerie vor Casper David Friedrichs »Zwei
Männer im Wald« – schon hab ich eine Zecke. Wir ha-
ben immer Angst. German Angst. Aber den Mächtigen
gefällt es offensichtlich, dass wir alle Angst haben, denn
ein Volk, das sich fürchtet, das müssen sie nicht fürchten.

Ich hab Angst

2014

Wissen Sie, ich hab unsäglich Angst.
Und wenn du vor Ängsten täglich bangst –
wissen Sie, wie einem da zumut ist,
wenn man stets vor seinen Ängsten auf der Hut ist?
Ich hab Angst vor den ganzen Krisen,
dass Finanzen und Bilanzen in den Keller schießen.
Mir ist ganz egal, ob Marmor, Stein und Eisen
    bricht.
Die Hauptsache, die ist doch: Es bricht der Euro nicht!

Ich hab Angst vor den ganzen Banken,
wenn die Kurse von Krediten und Renditen
    schwanken.
Sinkt bei Capri auch die Sonne –
    das bringt mich nicht in Wut.
Hauptsache mein DAX steht an der Börse immer gut.
Ich hab Angst, dass sich das Klima wandelt.

Ohne Eis wär bald der Eisbär tot. Und niemand
    handelt.
Ich trag Unterhosen nur mit guter Wärmedämmung.
Und vor Schweinebraten haben meine Därme
    Hemmung.
Denn es könnten böse Kokken
in der Schweinekeule hocken.

Ich hab Angst vor dem Statin in Margarinen
und vor zu viel Vitamin in Vitaminen,
weil das Vitamin mich krank macht
und das Pflanzenfett nicht schlank macht.
Ich fürcht mich vor den Viren in den Tieren,
ich fürcht mich vor Nitraten in Salaten
und vor einem Pekinesen
und vor Pekinger Chinesen.

Ich fürchte mich vor Moslems und vor Christen,
denn bei beiden gib es zu viel Terroristen,
so dass Osterhas' und Christkind
sowieso bald Islamist sind.
Vor Überfremdungsängsten wär ich fast gestorben,
denn in Richtung Osten wohnen gleich die Sorben.
Meine Frau, die kommt aus Maxen.
Maxen liegt mitten in Sachsen.
Wenn sie sächsisch spricht, versteht sie keine Sau.
Deshalb fürchte ich mich auch vor meiner Frau.

Ich hab Angst, dass mich die Sekten werben
und dass bald im Wald geballt alle Insekten sterben.
Ich fürchte mich vor Gott, denn ich bin ein braver
    Christ.

Sollte mich der Teufel holen,
schmeiß ich hin den ganzen Mist.
Ich hab Angst, im Alter alt zu werden.
Und als bleiche Leiche fürchte ich mich, kalt zu
werden.
Ich lag im Traum im Sarg und hörte, wie ich
ängstlich schrie:
Macht den Deckel zu, ich habe eine Lichtallergie!

Ich hab Angst, sehe ich Vögel fliegen,
denn ich könnte davon eine Vögelgrippe kriegen.
Die Atomkraft ist gefährlich.
Doch auch Windkrafträder – ehrlich:
Wenn die Vögel in die Windkrafträder klatschen
und die Windkrafträder Vögelchen zermatschen.
Mich macht die Angst vor Alzheimer besessen.
Ob ich vergesslich bin, das hab ich schon vergessen.
Ich hab Angst, ich wäre sterblich.
Sterben ist bekanntlich erblich.

Und so fürchte ich, die Welt könnt untergehen.
Schlimmer noch: Sie bleibt, so wie sie ist, bestehen!
Dieses ganze Panikmachen,
sagt mein Weib, das sei zum Lachen.
Und sie lachte. Sie hats Gott sei Dank gemacht
und sich vor lauter lautem Lachen krankgelacht.
Wenn ich großes Glück hab, lacht sie sich noch tot.
Ich wollt die Scheidung. Aber so gehts auch zur Not.
Fangt jetzt nicht zu lachen an, weil ihr sonst aneckt,
weil ihr mich vielleicht mit eurem Lachen ansteckt.
Aber lach mal, wenn du dich vor Lachen bangst.
Ich hab Angst! Ich hab Angst! Ich hab Angst!

In eigener Lache

Nach einem halben Jahrhundert am Dresdner Kabarett gibt es Erinnerungen, von denen ich einige beifüge als Zeitzeichen, die die Texte in ihrer Entstehungszeit zu verstehen helfen und in denen sich Wegbegleiter zu meiner Arbeit äußern. Sollten Ihnen Lobpreisungen aus bekannten Zeitungen zu positiv erscheinen, bedenken Sie: Lügenpresse! Nach jahrzehntelangem Leiden beim Leiten eines immer zu eigenen Meinungen neigenden Ensembles neigen meine sich hier zu Wort meldenden Kollegen zu altersgerechter Milde. Ich blicke in meinem privaten Fotoalbum in Demut zurück, dankbar, dass ich so lange ein Ensemble formen durfte.

≥Briefe bewegen die Welt≤

herausgegeben von Hellmuth Karasek, 2014

Das Kabarett in der DDR unterlag staatlicher Zensur und musste politische Kritik deshalb möglichst subtil äußern. So waren die Zuschauer nicht nur zum Zuhören, sondern immer auch zum Mitdenken aufgefordert, um die politischen Botschaften zu erkennen. Wolfgang Schaller und der Berliner Kabarettist Peter Ensikat waren die Meister des Zwischen-den-Zeilen-Schreibens. Das Autorenduo wurde mit seinen Kabarettstücken berühmt, die nicht auf schnelle Pointen, sondern auf grundlegende Gesellschaftskritik setzten. Nicht umsonst galt die Herkuleskeule als besonders mutiges Kabarett, als kabarettistische Pioniere im Ausloten der Grenzen, die das System ihrer Zunft setzte. Allerdings setzte das System dem Kabarett auch Grenzen: In Berlin waren die Stücke von Ensikat und Schaller tabu. Der Popularität der Herkuleskeule und ihrer Autoren tat das keinen Abbruch, ihr Ruf reichte bis in die Bundesrepublik. 1987 gastierten sie in München. Für das westdeutsche Publikum war die Herkuleskeule mit ihrem politischen Kabarett nicht minder spannend als für das ostdeutsche. Damit leistete die Herkuleskeule schon vor der Deutschen Einheit einen Austausch zwischen West- und Ostdeutschen und verband die Menschen in den beiden so unterschiedlichen deutschen Staaten über den Humor. Über die Stücke von Peter Ensikat und Wolfgang Schaller und ihre Rolle als kritische Stimmen in der DDR wurden ganze Doktorarbeiten geschrieben. Ihre Kabarettstücke waren ein Ventil für den alltäglichen Frust, aber auch ein Vehikel für die Hoffnung der Menschen, dass sich etwas ändern könnte. Als sich diese Hoffnung dann in Form der Wende erfüllte, änderte sich für Ensikat und Schaller plötzlich der Gegenstand ihrer Arbeit: Hatten sie bislang ein System kritisiert, das zu wenig Freiheit und Demokratie geboten hatte, standen sie nun einer Bevölkerung gegenüber, die von den materiellen Möglichkeiten der westdeutschen Gesellschaft mehrheitlich wie geblendet war. Für sie

stelle sich die Frage, wie sie weitermachen sollten. In einem Telefonat mit Wolfgang Schaller sagte Ensikat: »Wir müssen so radikal bleiben, wie wir waren.« Diesem Grundsatz blieben die Kabarettisten treu, doch obwohl sie nun frei von jeder Zensur und bürokratischen Hürden arbeiten konnten, standen sie vor ganz neuen Problemen. Wolfgang Schaller sagt dazu heute: »Die ideologische Zensur konnten wir überlisten. Die ökonomische Zensur nicht.« Die Herkuleskeule musste schließlich den Saal vollbekommen, um wirtschaftlich zu überleben. Doch den Mitgliedern des Ensembles gelang es, den schwierigen Spagat zwischen dem, was sie sagen wollten, und dem Vergnügungsbedürfnis der Menschen zu bewältigen. Die Herkuleskeule existiert bis heute und ist der schwierigen Nachwendephase längst entwachsen. Sie hat ihre Existenzberechtigung weit über das Ende der DDR hinaus bewahrt. Als Dresdner Bühne macht sie heute gesamtdeutsches Kabarett mit ostdeutschem Einschlag – mit einem Ensemble aus jüngeren und älteren Kabarettisten. Das Beispiel der Dresdner Herkuleskeule beweist: Politisches Kabarett wird immer gebraucht. Weil Kabarett Aufklärung bedeutet – und die kommt nie aus der Mode.

Sonja Wild

Das Ensemble der Herkuleskeule 2018: Birgit Schaller, Alexander Pluquett, Hannes Sell, Rainer Bursche, Anna-Marie Lehmann, Jürgen Stegmann, Nancy Spiller

Und wenn wir auf sie schießen

Besorgte Gutmenschen und besorgte Bürger und ich dazwischen

Es ist Krieg, sagt der alte Mann, als er die endlosen Flüchtlingstrecks sieht. Der alte Mann hat Angst. Die kann ihm keiner nehmen. Angst ist ein Menschenrecht. Menschen rufen: Willkommen! und schenken den Flüchtlingskindern Teddybären. Das sind die guten Menschen. 60 Millionen sind gegenwärtig in der Welt auf der Flucht. Aber wer hat 60 Millionen Teddybären?

Wir schaffen das. Jeder Dritte will Frau Merkel nach diesem Satz abwählen. Auf dem Dresdner Theaterplatz will sie ein besorgter Bürger am Galgen aufhängen. Das ist Galgenhumor. In der Semperoper singt Sarastro: »In diesen heil'gen Hallen kennt man die Rache nicht«. Auf dem Platz vor der Oper rufen sie: Volksverräter! Volksverräter! Die Schreie sind laut. Der Kehlkopf siegt über den Kopf. Die Kanzlerin, sonst eher eisig wie Bofrost, taute beim Anblick des Flüchtlingselends. Die lachende Kanzlerin mit einem Moslem auf einem Selfi. Ein Pfarrer erhält Morddrohungen. Er ließ Flüchtlingskinder mit seinen Kindern spielen. Dich Schwein kriegen wir. Es wird dunkel. Der Hass ist aufgegangen. So viele Ausländer, sagt der besorgte Bürger, wir Deutschen sterben aus! Dann pimpert doch, sagt ein guter Bürger. Einer hat Angst, dass die Stimmung kippt. Einer will, dass die Stimmung kippt. Hast du keine Sorgen?, fragt mich ein besorgter Bürger. Doch, sage ich, ich bin besorgt. Politikerpack in den Gulag!, reimt ein Besorgter auf seinem Pappschild. Ein anderer ist noch besorgter: Die Schlinge für euch ist schon geknüpft. Merkst du nicht, wem du hinterherläufst?, frage ich. Wir haben Übung im Hinterherlaufen. Das ist mir egal, sagt der besorgte Bürger, ich habe Wut! Ich habe auch Wut, sage ich. »Wir wollen Recht für das deutsche Volk. Und wenn man uns dieses Recht nicht gibt, fordern wir es mit der Faust!« Weißt du, wer das gesagt hat?, frage ich den besorgten Bürger. Der sagt: Ist mir egal. Ich habe Wut. Goebbels, sage ich. Komm mir nicht so, sagt der besorgte Bürger mit seiner Wut: Mir nutzt eure Globalisierung nichts und euer Wachstum, was belästigt ihr mich mit euren Börsennachrichten, mein Dax steigt nicht, eure Lehre ist meine Leere im Portemonnaie, in meinem Dorf verfällt die Kneipe, und mit deinem offenen Bein musst du dreißig Kilometer laufen, weil der Doktor weg ist und kein Bus mehr fährt, da kriegst du die offene Wut, und früher hatten wir im Kaff einen Konsum, da gabs zwar keine Bananen, aber was nutzen dir heute die Bananen, wenns keinen Konsum mehr gibt, und jetzt kommt ein Flüchtling und kriegt die Wohnung. Ich bin das Volk! Ich auch, sage ich und sage dem besorgten Bürger: Demonstriere in Frankfurt gegen die Banken oder vor dem Kanzleramt, aber nicht gegen die, die noch schwächer sind als du, das ist erbärmlich! Die Flüchtlingsströme strömen »Was sollen wir tun?«, fragt der alte Mann. »Schießen?« Irgendwo brennt ein Flüchtlingsheim. Irgendwann brennt ein Flüchtling. Ein guter Mensch ruft nach Teddybären.

Wenn Hass tötet, liegt ein Toter auf dem Balkon mit einem Loch im Gehirn, und aus dem Netz schießen Gehirnlose den Toten noch toter: Gefällt mir jedem das seine ruhe in der Hölle du Bastard jeder bekommt seinen Lohn hoffentlich musste diese Dreckschleuder leiden …
Der Kasseler christliche Regierungspräsident hatte Christen zu christlicher Nächstenliebe gegenüber in Not geratenen Menschen aufgerufen. Aber es handelte sich nicht um Menschen, sondern um Flüchtlinge. Das hatte der Regierungspräsident nicht bedacht. Ein Freischütz rief: Wir werden sie jagen! Wir werden sie jagen!

Jägerchor

2018

Was gleicht wohl auf Erden dem
    Jägervergnügen?
Die Jagd macht den Menschen erst edel und gut.
Die Waffe im Anschlag. Im Hinterhalt liegen –
Ja, daran erkennt man den Mann und
    den Mut.
Die hämische Freude, die wehrlose Beute,
die kopflose Flucht, der verzweifelte Blick:
das ist grad für kleine gewöhnliche Leute
das große, das außergewöhnliche Glück.
Juchu, trallala, trallala, trallala.

Ob Hase, ob Moslem, ob Negerlein,
schwules Schein,
  schlagt ihm sein'
Schädel ein!
Behinderte, Alte, Zigeunerfrau,
Russensau –

54

Drauf und dran
deutscher Mann:
Geh mit uns auf die Pirsch.
Sei ein geiler Hirsch!

Doch nicht nur auf Fremde ist heute gut Jagen.
Vielleicht denkt dein Nachbar ganz anders als du.
Da kannst du ihn einfach mit Worten erschlagen
und schickst ihm per Mail eine Hassbotschaft zu.
Wozu diskutieren, wenn andre verrohen.
Wozu gibts das Netz, da kannst du ungestüm
per Twitter, per Facebook dem anderen drohen
und hetzen und hassen und ganz anonym.
Juchu, trallala, trallala, trallala.

Ob Christ oder Jud oder Hurenfrau,
Türkensau,
haut sie blau!
Ab in' Bau!
Ob rechts oder links, ob Politiker,
Kritiker,
sie sind Dreck!
Jagt sie weg!
Toleranz, die wäre schlecht.
Hassen ist Bürgerrecht.

*Wir hatten Anfang der neunziger Jahre an der Herku-
leskeule einen Hausmeister, das war ein komischer Kauz,
der schlurfte immer durch die Gänge mit einem blau-
grauen Kittel und einem kalten Stummel im Mund, und
er meckerte über alles, worüber er nur meckern konnte.
Sein Lieblingsthema war die deutsche Toleranz. Ich hab
mir damals ein paar Stichworte aufgeschrieben, und daraus ist 2009 ein Text entstanden.*

Herr Piefke übt am Stammtisch Toleranz

Ein Hausmeistermonolog

Ich verstehe ni, warum sichs die Menschen so schwer
machen mitn Menschen. Zusammenleben wär so einfach mitn bissel Dolleranz. Ich hab nischt gegen Dolleranz. Damit wir uns ni falsch verstehn. Man muss
Mensch bleiben. Ob man will oder ni. Angeblich solln
wir ja alle Homo sapiens sein. Da muss ich mal klar-
stellen: Ich ni! Ich bin hetero! Damit ich ni falsch verstanden werde: Ich hab nischt gegen Homos. Aber wenn
die Schwulen mir laufend vorn Ogen rumschwuchteln
mit Nasenringen im Ohr – damit ich ni falsch verstanden werde: Ich hab nischt gegen Nasenringe. Ich hab da
bei meiner Kenia-Reise ein Vidcho gemacht von diesen
Azdeken, wie die Hula-Hula tanzen, am Tiddigaggasee.
Ich sage dir: De Weiber – solche Nasenringe! Aber ich
sage immer: Alles, wos hingehört. Wenn die nun alle zu
uns kommen wollen, bloß weil hier um de Ecke bei Aldi
de Bananen billiger sind, da muss man den Bootsbiebln
auch mal sagen – na, die Bootsbiebel, die im Mittelmeer
immer umgibben – man muss denen sagen: Bleibt, wo

ihr seid, hier in Sachsen gibts welche, die euch dodja-
gen – das is ooch ni besser als ertrinken. Und selbst wenn
die Asylanten Glück haben und von unsren Politiker in
Heime gesperrt werden – da denk ich immer: zivilisier-
te Wohnhäuser für Menschen, die normalerweise unter
freiem Himmeln schlafen. Das is doch keine artgerechte
Haltung für afrikanische Bergvölker. Damit ich ni falsch
verstanden werde: Ich hab nischt gegen Bergvölker. Ich
liebe die Bayern. Ein gemütlicher Stamm! Aber wenn
die Bayern uns zentnerweise als Touristen mit ihrem
Dialekt überfallen, so dass du vor der Dresdner Frauenkirche denkst, jetzt läuten de Glocken vom Münchner
Hofbräuhaus ... Weil wir grad von der Frauenkirche
reden – damit ich ni falsch verstanden werde: Ich hab
nischt gegen Frauen. Ich hab ni mal was gegen Frauen
im Bundestag. Dort muss och mal sauber gemacht werden. Aber wenn die jetzt schon im gebärfähigen Alter
in der Politik mitmischen, so dass unsereins vielleicht
noch de Kinder stillen muss, da konnte jahrelang die
Alice Schwarzer agitieren, solange se wollte, da kam
mir noch lange ni die Muttermilch hoch. Frauen und
Ausländer: Ich hab nischt gegen Minderheiten! Aber
auf wen muss ich denn alles Rücksicht nehmen? Als
Autofahrer auf die Radfahrer, als Raucher auf die Nicht-
raucher, als Rechtshänder auf die Linkshänder und als
Steuerzahler auf die Kinderreichen. Die Minderheiten
sind längst in der Mehrzahl. Ich hab jetzt mal einen kinderreichen schwulen Linkshänder auf einem Fahrrad
getroffen, der wie ein Necher aussah und polnisch mit
bayrischem Akzent sprach. Und das versteh ich ni! Das
ist einfach eine Überfremdung zu viel! Und jetzt über-
fremden uns ja auch noch die Moslems. Nicht, dass ich

was gegen Moslems hätte. Im Gegenteil. Meine Frau, die hat sich kürzlich, als sie beim Türken nebenan einkaufte, da hat sie sich mal als Zeichen des guten Willens ihr Gesicht total verschleiert. Und ich muss Ihnen sagen: Sie sah besser aus als sonst. Aber: In Sachsen gibt es mittlerweile 0,4 Prozent Muslime. Und davor haben wir Angst. In Sachsen gibt es 4,2 Prozent Ausländer. Und davor haben wir Angst! Und sogar die Weltbevölkerung besteht mittlerweile zu 98 Prozent aus Ausländern! Und da sind die Sorben noch gar ni dazugerechnet. Und davor haben wir Angst.

PS: Und dass jetzt rechts außen im Bundestag Rassisten, Ausländerfeinde und Nationalisten sitzen – davor habe ich Angst.

Deutsches

Frustlied

2018

Wir finden alles schlecht.
Wir sind immer empört.
Wir sind immer im Recht
und findens unerhört,
was der andere sagt
und zu denken wagt.
Das bringt uns in Wut.
Uns gings früher schon gut.
Trotzdem fluchten wir über
oben und drüber.

Wir lebten zwar bequem
bei Ulbricht oder Merkel.
Doch oben im System
regieren immer Ferkel.
Wir sind daran gewöhnt,
dass jeder von uns stöhnt.
Bei Kohl und bei Honeckern –
immer nur meckern.
Wir haben keine Lust.
Uns wärmt der Frust.

Unser Punkt ist ein Stand,
auf dem wir fest stehn.
Die Wahrheit erkannt.
Wir stehn selbst im Gehn.
Wir sehn auch im Licht
keinerlei Lichtung.
Das wollen wir nicht.
Wir kennen die Richtung.
Kimme und Korn –
hinten ist vorn.

Es gibt einen bekannten DDR-Witz: Honecker begrüßt
nach dem Aufstehen die Sonne: Guten Morgen, liebe
Sonne. Und die Sonne antwortet: Guten Morgen, lieber
Genosse Honecker. Und mittags grüßt Honecker wieder:
Mahlzeit, liebe Sonne. Und die Sonne: Mahlzeit, lieber
Genosse Honecker, und spät abends: Gute Nacht, liebe
Sonne, und die Sonne: Leck mich am Arsch, jetzt bin
ich im Westen. Trotz der im Osten aufgehenden Sonne
sagten Millionen: Leckt uns am Arsch, wir gehen in den
Westen. Millionen vor dem Mauerbau. Plötzlich war die
Nachbarwohnung leer. Und der Bürosessel im Rathaus.
Und der Unterricht fiel aus, weil der Lehrer weg war,
und die Arztpraxis wurde geschlossen, weil es keinen
Arzt mehr gab. Das hieß amtlich Republikflucht, und
für die Kabarettbühne war das Thema tabu. Für mich
war es ein Thema. Folgend der Text als Dank für die, die
hiergeblieben sind. Ohne die, die hierblieben, wäre 89 die
Mauer nicht gefallen.

Scheiden tut weh

1985

Du hast mir geschrieben.
Diesmal aus Venedig.
Du kennst Wien und die Alpen. Ich aber seh mich
in zwanzig Jahren zur Zugspitze schindern,
wenn mich Plattfuß und Ischias längst schon
    behindern.
Wenn ich 65 bin
und gar nicht mehr kann, kann ich dorthin.

Du schreibst aus Venedig.
Mensch, Junge, ich seh dich
noch bei mir:

Wir,
zwei Redakteure,
die meist nicht auf der Linie standen.
Die kam uns nämlich oft abhanden.
Wie oft stolperten wir mit demselben Bein
immer über denselben Stein
und hätten das Leben wertlos gefunden
ohne unsere Beulen und Wunden.
Zum Beispiel (du erinnerst dich
sicherlich):

Du solltest über den Helden
melden:
Er vollbracht sein Hochleistungs-Heldenstück
zum Ruhm und aus Liebe zur Republik.
Doch der Grund fürs Ranklotzen
war, vor Elli zu protzen,
der Schichtleiterin. Die fandest du schick.
Auf die warst du scharf. Nicht auf die Republik.
Du wolltest das in deinem Porträt nicht
    verschweigen.
Du wolltest den Helden als Menschen zeigen,
ihn, obwohl vom Chef anders befohlen,
vom Sockel holen.

Was natürlich gegen den Staat zielt,
weil dein Chefredakteur sich für den Staat hielt.
Wir haben an seinem Stuhl mitgesägt
und manchmal also doch was bewegt.
Er stürzte für immer nieder.
Da standen wir beide längst wieder.
Bis durch einen dunklen Kanal

dein Artikel über schlechte Arbeitsmoral
dem Deutschlandfunk in die Hände kam,
was der Deutschlandfunk zum Anlass nahm,
dich wie einen Dissidenten zu loben.
Wahrscheinlich hörte man den Deutschlandfunk
    auch ganz oben.

Doch bevor man dir von dort auf die Finger sah,
warst du nicht mehr da.
Wir könnten dich, wie du warst, hier gut
    gebrauchen,
solche, die nicht gleich untertauchen
bei jedem Gewitter.
Für mich ist es bitter.
Mitstreiter, ade.
Scheiden tut weh.
Du hast mir geschrieben,
es würde auch ohne dich gehn,
weil andre an deiner Stelle stehn.
Natürlich: Wir sind hiergeblieben!

Früher wars schlechter

ohne dass heute alles besser ist, was schöner war

Der Sommer ist sehr groß, und die Schatten fallen nur aus den Nachrichten in der Zeitung, die neben mir ein Mann im Strandcafé liest. Ich kann die Titelzeile MILITÄRPUTSCH lesen, mein Blick war zu auffällig, jedenfalls sagt der Mann: »Es weiß ja keiner, wer's war. Vielleicht wars der Erdogan selber.« – »Oder Jan Böhmermann«, witzele ich. Der Mann sagt: »Da wurden ja gleich achtzigtausend aus dem Staatsdienst entlassen.« Nach dem Aufstand gegen Honecker wurden dreihunderttausend aus dem Staatsdienst entlassen, denke ich, weiß aber sofort, dass das ein unsinniger Vergleich ist, denn die Entlassenen wurden ja nicht wie in der Türkei gefoltert, wofür ich meinen Freunden aus den alten Bruderländern dankbar bin. Ich nehme meinen Blick von der Zeitung, aber gegen nostalgische Gedanken wehre ich mich nicht, ich bin ja extra an diesen Ort meiner Jugendjahre zurückgekehrt: Wo ich jetzt sitze und am Kaffee nippe, den ein Kellner auf silbernem Tablett serviert hatte, saß ich als Sechzehnjähriger kauend an einer Bockwurst, die ich mir schlangestehend an der Selbstbedienung für achtzig Pfennige erkämpft hatte. Der Senf kleckerte damals vom Pappteller auf die Tischdecke aus Igelit, und irgendwann rief die Bedienung in die Schlange: Der Senf is alle! Es war damals nur dieser Raum freigegeben, die restliche verfallene Hotelanlage versperrte ein Schild BETRETEN VERBOTEN. Ich trug meine Gitarre auf dem Rücken, abends auf dem Zeltplatz sangen wir am Lagerfeuer von den Partisanen vom Amur. Die Hotelruine stand nahe an einem FKK-Strand, wo wir uns tags nackt in den Sand warfen und den Mädchen aufs zweischenklige Dreieck lugten. Wir fühlten uns frei und wir waren jung und uns gehörte die Zukunft. Du hast ja ein Ziel vor den Augen. Erzähle mir bitte keiner, wie schrecklich das damals für uns war, wie eng, wie unfrei. Nein, es war eine Hoffnung. Wir wollten ein anderes Deutschland. Es ist kläglich gescheitert, aber wir haben es versucht. Wer es nie versucht hat, sollte schweigen. Wir wussten nichts von Stalins Gulag und von Ulbrichts Schauprozessen gegen Andersdenkende. Wir träumten von einer gerechteren Welt. Wir wussten nicht, dass aus Träumen Albträume werden können. Jung sein ist der einzige Aggregatzustand, in dem man nichts gewusst haben darf.

Der Mann mit der Zeitung verlässt das Café im neuen Grand-Hotel. Der freundliche Kellner fragt, ob ich speisen möchte, und ich sage: »Danke, nur den Kaffee, bitte zahlen.« Dem Kellner flieht die Freundlichkeit aus dem Gesicht. Ich war im Auto hierher gekommen. Vor dem Portal haltend, riss mir ein rotbefrackter Diener mit Zylinder die Tür auf. Nein, es ist kein Neger, stellte ich erleichtert fest und übergab ihm meinen Wagen. Ein Dobermann zog an der Leine einen berühmten Modedesigner hinter sich her. Das Hotel ist für Hunde erlaubt. Für Kinder verboten. Es ist ein sehr schönes Hotel. Nebenan am Strand ist jetzt FKK verboten. Der Kellner spannt den Sonnenschirm auf. Der Sommer ist sehr groß.

Juli 1990. Endlich die harte Mark, mit der auch wir Sachsen die Welt erobern konnten. Vorbei die Zeiten, als wir mit unserem Zwickauer Verbrennungswunder nonstop durch die real existierenden Schlaglöcher von unserem Neubaugebiet bis zur Bockwurstbude am Senftenberger See schossen, wo Vati, Mutti samt vier Kindern, Schlafsäcken und fünf Salami ihr Zweiquadratmeterzelt aufschlugen. Zwar waren Vati und Mutti bald arbeitslos, was das Urlaubsreisen einschränkte. Aber mit einem Pauschaltouristenschnäppchenangebot konnten sie in Mallorca zum ersten Mal bei einem mediterranem Palmenabenteuer zwischen Hauptverkehrsstraße und Neubaubagger die Ruhe genießen. Denn sie waren

Reif für die Insel

ihrer Träume

Endlich grenzenloser Urlaub! Zu Abertausenden geben wir uns in diesen Tagen den kollektiven Marschbefehl und emigrieren zum ersten Mal in die Ferne. Aus der geschäftlichen Hektik von Großraumbüros, Verkehrschaos und Kaufhausgewühl fliehen wir, zwischen Koffer und Familienbagage geklemmt, hinters Lenkrad. Vatis Fuß zuckt auf dem Gaspedal, so dass Motor und Mutti erschreckt aufjaulen. Der Wagen schießt, ohne die linke Spur zu verlassen, direkt auf die Autobahn, bis im Frühstau zu Berge wir stehn, vallera. Noch ehe die Sonne versinkt im blauen Abgas wunderbar, erreichen wir den Frankfurter Flughafen mit Müh und Not, drängen in der Hundertmeterschlange bis zur Abfertigung, zwängen uns in den Jumbojet, um stundenlang auf einem viel zu engen Sitz angeschnallt und mit vor Flugangst verzerrtem Gesicht einem Todeskandidaten auf dem Elektrischen Stuhl zu gleichen. Endlich öffnen sich nach verspäteter Landung die Türen des fliegenden Transportpanzers, und wir purzeln mit steifen Gliedmaßen die Gangway hinunter mitten hinein in die Kreislaufkollaps-Hitze. Geduckt unter dem Gedröhn startender Maschinen ein kurzer hechelnder Zwischenspurt, um einen Gepäckwagen zu ergattern. Ein erster Etappensieg: Der richtige Hotelbus schüttelt uns bis zum richtigen Hotel, wo wir grad noch den ersten Essensdurchgang erreichen und frohgemut im Restaurant »Exotic« ein deutsches Schnitzel kauen dürfen, während hinter uns schon der zweite Durchgang auf die Plätze lauert. Mit letzter Kraft erreichen wir die Betten, fallen siegreich aufs Laken, aber aus der darunter tobenden Techno-Disco bumst es noch ein paar Stunden per Bassverstärker in die Betonzellen der die Nachtruhe genießenden Urlauber.

Der Schlaf währt nicht lange: Früh gegen fünf rüttelt Vati die Mutti wach. Mutti, noch im Halbschlaf, ist irritiert: Was denn, um die Zeit hat er doch noch nie gewollt!? Aber da zischt Vati in ihr Ohr: »Los, Gerda, schnapp dir die Handtücher, wir müssen die Liegen besetzen!«

Zu spät! Für diesen Tag muss sich die Familie mit einem freien Quadratmeter steinigen Strands begnügen, um sich zwischen Tausenden in der Tropenglut röstenden Fleischklumpen niederzulassen. Zum Torso zusammengefaltet, die Knie im Bauch des nächsten Grillhähnchens, tippt Vati den Nachbarn verlegen an, um ihn höflich aufmerksam zu machen: »Sie, das ist mein Rücken, den Sie sich da einschmieren!« Aus einem Recorder kämpfen die ABBAs gegen Tom Jones aus dem Strandbarlautsprecher, ein bauchiger Vertreter der freien Strandwirtschaft steigt über die wie zwei Spiegeleier in der Sonne brutzelnden nackten Brüste von Mutti und preist seine Coca-Cola mit kanarischen Urlauten, die Vati auch unter Benutzung des Spanischwörterbuches nicht enträtseln kann.

»Ach, unter freiem Himmel in freier Natur«, schwärmt Mutti, und Vati summt das alte Kampflied »Brüder, zur Sonne zur Freiheit« romantisch vor sich hin, während am Ufer die Motoren der Speedboote vor Freude dröhnen. Keinen Hautkrebs scheuend, wälzen sich die Individualtouristen in Massen erst vom Strand, als die Wolken das Ozonloch schließen, und alle treffen sich abends im Speisesaal, wo lustige Animateure den sonst so verklemmten Vati so lange anmachen, bis er beim Eiertanz die Hosen fallen lässt und dafür als ersten Preis einen Lolli gewinnt.

Abgefüllt mit Bacardi-Rum und Campari spät nachts wieder im Schlafsilo, leistet sich der luxusverwöhnte Urlauber noch eine Stunde RTL oder SAT 1 frisch aus der Schüssel, um in früher Stunde diesmal beim Kampf um die Liegen der Erste zu sein.

So erholsam gehen die erholsamen Tage dahin. Und wenn alle vom Stress befreit nach zwei Wochen wieder zurückkehren in die Hektik von Büros, Kaufhausgewühl und städtischem Verkehrschaos, haben sie das gute Gefühl, Kraft getankt zu haben bis zum erholsamen Urlaub im nächsten Jahr.

Meine Ruh ist hin

stöhnt eine Sächsin mit ihrem Hund Napoleon

Sitz! Also, ich hatte im Sommerurlaub extra Ruhe gebucht. Doch die ham se mir geraubt. Früher beim FDGB, das hab ich ja noch miterlebt, als an der Ostsee der Oberarzt off seim Handtuch neben dem kinderreichen Assi lag. Aber nu hatte ich diesjahr extra so'n Luxusabbardemende genommen, weil die mit dem Schlogn geworben hatten: BEI UNS FINDEN SIE IHRE RUHE. Ich mit meim Napoleon nischt wie hin – ich kanns gar ni erklärn, warum mein Pekinese Napoleon heißt, bis Peking is ja der Napoleon gar ni gekommen – jedenfalls durfte der mit rein ins Abbardemende. Ich frage also an der Rezeption heeflich, ob mein Napoleon auch mit an Strand darf, ich hab gesagt: Wissen se, der Napoleon, das is so wie e bissel mein Kind. Da hat die Zimtzicke geantwortet, das ginge ni, Kinder seien am Strand verboten, wegen der Ruhe. Und da stört Kindergebläge. Da hab ich gesagt: Aber es is ja bloß e Hund. Und da hat die an der Rezeption gesagt, da hätte ich aber Glück. Ich also mitm Napoleon rein in Strandkorb. Eene Ruhe – de blanke Sahne. Bloß de Wellen ham e bissel gestört, weil die so rauschten, verstehst de. Sitz! Ich les also das Buch, was jetzt alle lesen, diesen Borno, GEHEIMES VERLANGEN, wo eene sich immer mit der Lederpeitsche offn nackschen Po haun lässt. Mein Mann hat das nie mit mir gemacht, als er noch lebte. Und nachher ooch ni. Jedenfalls: in dem Augenblick, als sie in dem Buch grad anfing vor Lust zu blägen, da guck ich mal kurz

Birgit Schaller

übcrs Buch, und was sehe ich? Da kommt e schblidder-
naggscher Mann vorbei, verstehst de, schblitternaggsch!
Ich konnt grad noch rufen: Sie da, FKK is hier verboten! Ich gucke schnell noch mal übern Buchrand, ob bei
dem Naggschen alles dran is, aber s hielt sich in Grenzen. Ich will also grade weiterlesen, weil die Lady im
Buch grad orgasmiert. Ich hörts richtig wimmern. Aber

das war mein Napoleon, der musste mal. Also ich raus ausm Korb, Napoleon hinterher, der direkt neben dem Naggschen sein Been hebt, weil der dem seine behaarte Wade fürn Baum hielt. Da schreit der Naggsche: Nehm Se Ihre Dogge weg, die pinkelt mir ans Knie! Und ich sag: Sehn se, wärn Se angezogen! Sitz! Dann geh ich mit Napoleon wieder ins Körbchen, will weiterlesen – da sehe ich, wie sich neben meim Korb so ne Familienbande mit drei Kindern plus Windschutz niederlässt, verstehste, neben meim Korb! Die warn vom Zeltplatz nebenan, weil die sich son Luxusabbardemende ni leisten konnten. Die hatten ja nischt. Ni mal n Hund. Und am schlimmsten – ich hörte das glei an der Sprache: Die kam aus Leipsch. Kenn se Leipsch? De Leipscher, was die für een Sächsisch sprechen? Den ihr Sächsisch is keen Dialekt, das is ne Diagnose. Die kriegen schon für ihre Schbrache een Behindertenausweis. Und de Muddi, die knallt sich mit ihrem Übergewicht in die Düne nein, dass das ganze Ufer zittert, und de Kinder fangen an, de Muddi mit Sand zu beschmeißen. Ich wollt schon schrein: Kinder sind verboten!, aber da lacht de Muddi zu den drei Reizzwecken: Ihr Himmelhunde! Und da dacht ich: Da kann man nischt machen. Aber dann gings los: De Muddi hatte een Vadi, und der sagt auf eemal zur Muddi: »Haste schon gehört, der Richard is gestorben.« – »Ach nee«, sagt de Muddi, »das is mir neu.« – »Ich habs ooch erst gehört, als er tot war«, sagt er, und sie fragt: »Woran isser denne gestorben?« – »Darüber hat er ja nie gesprochen«, sagt der Vadi. »Hoffentlich wars nischt Ernstes«, sagt de Muddi, und er: »Man kann bloß hoffen, dass er hinterher ni allzuviel gemerkt hat.« – »Hast du denn den Richard gut gekannt?« – »Ich hab den gar ni gekannt. Aber de Else.« – »Wer is n de Else?« – »Nu, seine Frau?« Muddi guckt ganz bekleckert: »Ach, und die lebt noch?« – »Ich weiß ni,« sagt Vadi, »ich kann ja den Richard ni mehr fragen.« – »Vielleicht solltn mir den Richard mal am Grab besuchen«, sagt Muddi, und Vadi sagt: »Na ja, aber man weeß ja immer ni, was man ihm mitbringen soll.« Nu hören se sich mal im Urlaub so e Gequassel an, wenn se Ruhe gebucht haben. Mein Napoleon hat vor Wut gebellt, verstehsde? Ich hab den off die losgelassen und gerufen: Beiß zu! Ich sag Ihnen: Enn kurzer Offschrei – dann war Ruhe. Ich hab glei n Tierarzt gerufen.

Erinnerungen: 1970

Direktor Manfred Schubert musste eines verbotenen Programms wegen ein halbes Jahr auf Parteischule. In dieser Zeit durfte er mich ans Haus holen. Da stand ich nun wie ein Schüchterling im Klubraum, in dem ich den Bühnenstars vorgestellt wurde, die ich sonst immer nur aus dem Saal bewundert hatte. Ich ahnte nicht, dass Monate später Hans Glauche mein Freund sein würde, jener umjubelte geliebte »sächsische Volkskomiker«, dessen »Mei Erich« Grocks »Nit mööglich« glich. Noch heute sind für manch ältere Zuschauer »Gustav und Erich« die goldenen Zeiten des Kabaretts, und »Hänsel« wäre wohl ohne Mauer und Fernsehabstinenz heute genauso berühmt wie Heinz Erhardt. 1976 schrieben wir beide zusammen ein Kabarettstück, eine DDR-Version von »My fair Lady«. Wolf Biermann wurde grade ausgebürgert, und x sozialistische Patenbrigaden mussten über uns die Bürgschaften übernehmen, dass wir mit unserem Stück die Mauern des Sozialismus nicht zum Einsturz bringen würden. Ich verdanke Hans Glauche viel, ebenso wie ich Manfred Schubert danke, der wohl anfangs meiner Art zu schreiben nicht traute und mich trotzdem schreiben ließ. Man gestatte mir diesen Hauch von nostalgischer Erinnerung an ein Ensemble mit Werner Knodel, Gisela Grube und anderen, mit denen man bis nachts die Welt wortreich verändernd, rauchend und trinkend zusammensaß. Jugend ist ein süßer Vogel.

Manfred Schubert
und Wolfgang
Stumph in »Bürger,
schützt eure Anlagen«

Hans Glauche und
Werner Knodel in
der Szene »Perplexe
Reflexe«

1978: »Ein kleines bisschen Stück«, Hans Glauche, Gisela Grube, Matz Griebel und Fritz Ehlert

Das Ensemble der Herkuleskeule 1990

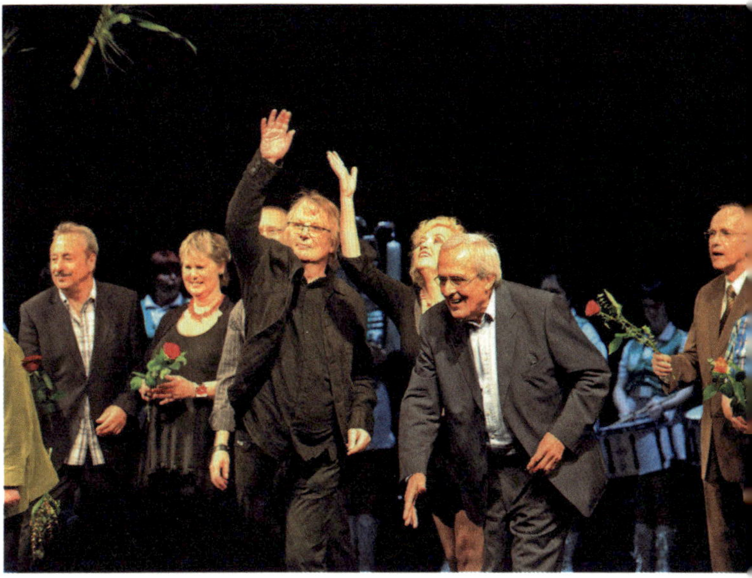

Das Kabarett Die Herkuleskeule feiert den 50. Geburtstag

DER SPIEGEL

... die seit Jahrzehnten berühmte „Herkuleskeule", das Nonplusultra ...

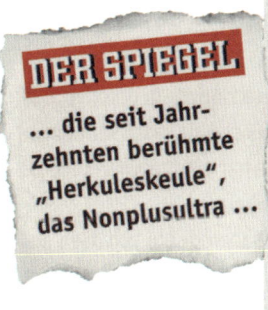

Artikel von 2008

Und heute? Ab nach Dresden. Dort spotten sie seit Jahrzehnten in der berühmten „Herkuleskeule". Und man kann gegen den Osten haben, was man will, aber ein Kabarett-Theater Herkuleskeule zu nennen, das zeugt von Esprit. Mitten in einer tristen Wohnsiedlung liegt sie, die „Keule", das Nonplusultra des Ostkabaretts. Auf Keule-Karten haben die Leute zwei Jahre gewartet. Keule-Karten, das war in der DDR so etwas wie eine Währung. Mit Keule-Karten konnte man sich richtig gute Sachen besorgen, Fleisch oder Obst.

Der Chef sagt „guten Tag" und schenkt einen Kaffee ein, der tote Kabarettisten aufwecken könnte. Wolfgang Schaller ist 65 und Ostdeutscher mit allem Drum und Dran.

Wolfgang Schaller

Peter Ensikat zum 70. Geburtstag 2011

Lieber Pit, heute kann ich gestehen, dass ich von Anfang an bei unseren bilateralen Beziehungen der Leidtragende war. Schon deshalb, weil Du in Berlin wohnst. Berlin war im untergegangenen Sozialismus ebenso wie im noch an seinem Untergang arbeitenden Kapitalismus immer Hauptstadt – Dresden war immer Provinz. Was man schon daran sah, dass ich damals in die Berliner Delikatläden fahren musste, um mich mit Thüringer Pflaumenmus und Spreewaldgurken zu versorgen. Um diese Einkaufstouren als Dienstreise abrechnen zu können, kam ich auf die Idee, mit Dir Kabarettstücke zu schreiben. Während ich also in der Leipziger Straße Schlange stand, saßt Du am Schreibtisch und verfasstest in meinem Auftrag einen Text über Konsumterroristen. Dafür bekamen wir beide den Nationalpreis. Dass wir beide im Widerstand standen, erfuhr ich vor ein paar Jahren aus einer Stasiakte. Aber mein Widerstandsblick trübte sich, als ich in einem IM-Protokoll las: »Ich habe den Eindruck, dass die Haltung von Schaller in sehr starkem Maße durch Ensikat beeinflusst wurde. Offensichtlich steht in diesem Duo Schaller in einer gewissen Abhängigkeit.« Dies zu lesen, lieber Pit, tat weh. Einmal glaubte ich, mich an Deiner Überlegenheit rächen zu können. Bei einem Spaziergang durch Sanssouci kamen zwei ältere Damen an uns vorüber, und eine flüstere zur anderen: »Hast du gesehen, das war der Herr Schaller!« Ich triumphierte: »Siehst du, mich kennt man auch in Potsdam!« Am nächsten Tag sagte mir ein Dresdner Kollege: »Du – meine Mutter hat dich gestern getroffen.«

Nun, lieber Pit, ist die Zeit vorbei, da wir Kabarettisten von allen gegrüßt werden. Im Sozialismus wurden wir Kabarettisten noch ernst genommen. Die Gegenwart hat keinen Bedarf an Weltveränderung. Schon Walter Benjamin sagte: »Es sind Narren, die den Verfall der Kritik beklagen. Denn deren Stunde ist längst abgelaufen. Kritik ist in einer Welt zu Hause, wo es auf Perspektiven und Alternativen ankommt und wo einen Standpunkt einzunehmen noch möglich war.« So ist es geradezu folgerichtig, dass eine Berliner Zeitung unser kabarettistisches Stück ein »Kabarettmuseum« nannte. Aber ein Museum kann heute eine Vision sein.

Und jetzt hab ich Dir nur noch ganz amtlich mitzuteilen, dass wir uns in 14 Tagen in einer bescheidenen Spreewaldkneipe treffen, um mit unserem nächsten gemeinsamen Programm zu beginnen. Ich werde Dir dann noch ganz genau sagen, was Du schreiben sollst.

Peter Ensikat

in einem privaten Brief an seinen Freund 1979

Lieber Wolfgang, wenn Du natürlich nur noch Filmszenarien schreibst, kann ja nichts aus unserem Stückchen werden. Meinste vielleicht, ich hätte Zeit für so was? Ich muss egal mein Laubendach decken, und krieg Du mal Dachpappe im Sozialismus. Hier sind aber trotzdem erst mal drei Seiten, die direkt anschließen an den Dialog nach der Denkmalenthüllung, da hamwa dann nemich nach den bösen Eltern die erziehungsberechtigte Schule, die ja auch nicht von schlechten Eltern ist. Erkennst Du wenigstens solche schönen Zusammenhänge, oder verstehst Du gar nichts mehr von Satire?

Ich hab übrigens ernsthaft die Absicht, mich vom Kabarett zurückzuziehen, nachdem unser Stückchen fertig ist. Finde nemich, in solcher Zeit darf man eigentlich nicht mehr mittun. Die wollen doch gar kein Kabarett, sondern nur Distelgehoppe, wo dem Klassenfeind vors Schienbein getreten wird und unsere Post ein bisschen auf die Schippe genommen wird. Da gehöre ich nicht mehr hin.

So, nun hör ich mal lieber auf und grüße Dich im zahlreichen Kreise Deiner Lieben. Die ich nur bewundern kann, weil sie Dich immer noch ertragen. Mich finde ich wie immer ganz prima und verbleibe als Dein alles allein schreibender Mitautor.

Vertraulichen Brief an den lieben Gott

geschrieben. Die Post hat ihn mir zurückgeschickt mit dem Vermerk, sie kenne die Adresse nicht. Ich hatte einfach »im Himmel« angegeben. An diesem Tag war es bewölkt, und vielleicht ist der Briefträgerengel im Wolkenstau steckengeblieben. Oder er hatte keine Lust, weil er so schlecht bezahlt wird. Aber der Brief ist mir wichtig, und deshalb möchte ich Sie bitten: Wenn Sie dem lieben Gott begegnen, sagen Sie ihm, er möge doch mal eine Mail an mich schreiben.

Lieber Herr Gott, ich möchte dich bitten: Achte ein bisschen mehr auf Deine Kirche. Du hast sicher noch nicht gehört, dass Notre Dame abgebrannt ist. Sonst hättest Du bestimmt schon gespendet. Ich weiß nicht, ob Du die Spende von der Kirchensteuer absetzen könntest. Ich weiß nicht einmal, ob Du als Herrgott überhaupt Steuern zahlen musst. Google und Facebook, die auf Erden Herrgott spielen, zahlen ja auch keine Steuern. Aber das nur nebenbei. Nein, ich will Dich, lieber Gott, nur fragen, warum Deine Kirche sich weigert, sich mit einer kleinen Spende aus ihrem auf 435 Milliarden Euro geschätzten Besitz am Wiederaufbau von Notre Dame zu beteiligen. Sieh mal, lieber Gott: Der Staat, der bei uns laut Grundgesetz streng von der Kirche getrennt ist, treibt jährlich ungefähr zehn Milliarden Kirchensteuer in die göttlichen Klingelbeutel. Und obwohl ich kein Christ bin, werden auch von meinen Steuern Deine Würdenträger mitbezahlt. Ich weiß, daran bist nicht Du schuld, sondern ein Gesetz aus Napoleons Zeiten. Na gut, lieber verhelfe ich einem Bischof zu einem angenehmen Leben, solange von meinen Steuern Kriege finanziert werden. Ich muss Dich nur fragen, lieber Gott, warum Deine Kirche das ungeborene Leben schützt, während geborenes Leben ungeschützt in Kriegen getötet wird? Bitte, fordere doch mal die christliche Union im Bundestag auf, statt Mütter zu verurteilen, die selbst über ihren Bauch bestimmen wollen, lieber dagegen zu stimmen, dass junge Soldaten in Afghanistan nicht durch einen Bauchschuss enden. Manchmal, lieber Gott, denke ich, Du bist aus Verzweiflung über die Gräueltaten Deiner Christenheit aus der Kirche ausgetreten. Kriege und Verfolgung von Homosexuellen und mittelalterliche Ansichten über Frauenrechte lassen mich am Wert christlicher Werte zweifeln, so wie mir kommunistische Werte ausgetrieben wurden, seit sie in Stalins Gulag und Maos Massengräbern verschüttet wurden. Lass uns, lieber Gott, auf humanistische Werte einigen, wozu mir noch einfällt: Ich finde das Leben wunderbar, und solltest Du der Schöpfer sein: herzlichen Dank. Und sollte ich erkranken, ich würde jeden verbleibenden Tag genießen. Aber sollte ich nicht mehr Herr meiner Sinne sein und im Heim wundgelegen vor mich hinsiechen, weil der Pfleger nur fünf Minuten Zeit hat für die Unterbodenwäsche, ich denke: Das kann nicht Dein Wille sein. Bitte befiehl Deinen Dienern, dass sie mir dann freundlich einen Trunk servieren, dass ich würdig gehen kann. Dann wärst Du ein Humanist. Und dann würde auch ich an Dich glauben.

Ehe Sie einen Leserbrief schreiben: Der

Fundamentalisten-Rap

richtet sich gegen keine Religion. Nur gegen Fundamen-
talisten. Die es in jeder Religion gibt. Es gibt auch funda-
mentalistische Linke. Es gibt sogar fundamentalistische
Kleingärtner. Es gibt sogar fundamentalistische linke
Kleingärtner. Rote Beete.

Hurra-hepphepp! Hurra-hepphepp!
Das ist der Fundamentalisten-Rap.
Halleluja.
Im Namen unserer Propheten,
ganz gleich zu welchem Gott wir beten:
Ob Moslems, Juden oder Christen –
Fundamentalisten
findet ihr auf jeden Fall
überall.
Wir Fundis meinen:
Statt zu versuchen uns zu besiegen
in Gotteskriegen,
lasst uns vereinen.
Denn uns vereint
der gleiche Feind:
Die rigorosen
Gott – losen!
In unsrem Namen
kein Erbarmen
gegen die, die sich erlauben,
nicht zu glauben.
Unser Pfad
führt zum Kirchenstaat.
Ob katholischer Extremist,

Jüdisch orthodox
oder Islamist:
Uns vereint der gleiche Wille:
Kein Kondom und keine Pille.
Lasst die Frauen unbefleckt sein
und bis zur Hochzeit ungedeckt sein.
Ob bei Orthodoxen oder bei Tamilen,
oder bei katholisch-bayrischen Familien:
Homos gelten überall quer durch die Bank
als krank!
Hurra-hepphepp! Hurra-hepphepp!
Das ist der Fundamentalisten-Rap.
Halleluja.
Achmad kann vor Wut
prügeln, weil der ungezügelt
vom Teufel Befallenen den Teufel rausprügelt.
Der hats gut.
Bei Christen war das früher auch
guter Brauch.
Leider hatten wir nun schon
die Zivilisation.
Wer holt sich noch als Priester
die kleinen Biester
samt Sack und Ei in die Sakristei?
Die schönen Zeiten sind vorbei.
Keine Witze über Gott.
Gott hasst das. Also lasst das.
Keinen Spott!
Hurra-hepphepp.
Das ist der Fundamentalisten-Rap!
Halleluja. Meine Herren, meine Damen:
Amen!

Für uns im Osten änderte sich mit der deutschen Einheit alles. Ich irrte Anfang der Neunziger durch diese neue Zeit und fand mich nicht mehr zurecht. Neue Postleitzahlen, neue Kontonummern, neue Straßennamen, und die Umbenennungen waren manchmal völlig unlogisch. In Dresden zum Beispiel hieß der Albertplatz in Zeiten, da wir die Einheit nicht hatten, Platz der Einheit. Und jetzt, wo wir die Einheit haben? Da heißt er wieder Albertplatz. Liebe westdeutsche Freunde, ich warne Sie – falls es mal andersrum kommt! Sie ahnen ja nicht, wie schwer es Ihnen fallen wird, wenn Ihre geliebte Kaiser-Wilhelm-Straße plötzlich Walter-Ulbricht-Allee heißt.

1992: Ein älterer leicht verwirrter Herr (H) fragt eine Polizistin (P), wie er zu seinem Bruder käme.

Der alte Mann in neuer Zeit

irrt durch Dresden

H Guten Tag. Können Sie mir sagen, wo mein Bruder wohnt?

P Wie heißt denn Ihr Bruder?

H Das weiß ich nicht. Mit Familiennamen hieß er früher so wie ich.

P Dann heißt er doch auch heut noch so.

H Das weiß ich nicht. Die Ho-Chi-Minh-Straße, wo mein Bruder wohnt, heißt auch nicht mehr Ho-Chi-Minh-Straße.

P Richtig. Die Ho-Chi-Minh-Straße gibt es nicht mehr.

H Aber meinen Bruder gibt es doch noch, hoffentlich.

P Die Ho-Chi-Minh-Straße wurde umbenannt.

H Wenn mein Bruder vielleicht auch umbenannt wurde, heiß ich heut auch anders, eventuell?

P Ich zeig Ihnen den Weg zu ihm.

H Früher ging ich immer hier die Thälmannstraße entlang, rechts ab, die Leningrader Allee über den Hauptbahnhof und den Salvador-Allende-Platz …

P Dann gehen Sie heute hier die Wilhelmstraße entlang recht ab, die Petersburger Allee über den Hauptbahnhof und den Münchner Platz …

H Ist das nicht ein Umweg?

P Das ist dieselbe Strecke. Die Straßen heißen anders, weil das alles Kommunisten waren.

H Aber Haupt war kein Kommunist?

P Nein. Der Hauptbahnhof heißt noch Hauptbahnhof, und Ihr Bruder heißt auch noch so!

H Sind Sie sicher?

P Mann, wo stammen Sie denn her?!

H Aus der DDR.

P Aus der ehemaligen DDR.

H Ja. Wissen Sie: Mein ehemaliger Vater war in der ehemaligen DDR ehemaliger Verkäufer.

P Was verkaufte denn Ihr Vater?

H Broiler.

P Broiler gibt es nicht mehr.

H Geht das mit den Engpässen schon wieder los?

P Broiler heißen jetzt Hähnchen.

H Hähnchen gibts noch?

P Freilich gibt es Hähnchen.

H Wenn es Hähnchen gibt, warum gibt es dann keine Broiler mehr?

P Das ist doch das gleiche!

H Ich esse lieber Broiler.

P Essen Sie doch, was Sie wollen!

H Ich denke, Broiler gibts nicht mehr?

P Aber Hähnchen!

H Schmecken die ähnlich?

P Genauso wie Broiler.

H Dann kann ich doch gleich Broiler essen. Wissen Sie: In meinem Kollektiv essen alle gern Broiler.

P Team.

H Nein, Broiler.

P Kollektiv heißt jetzt Team.

H Aber es bleibt ein Kollektiv?

P Ja.

H Da wird sich meine Brigade aber freuen.

P Ihr Team.

H Wir hatten früher auch ein Teamtagebuch, und beim Teamausflug aßen die Frauen gern Buletten.

P Frikadellen.

H Aßen die Frikadellen gern Buletten.

P Von vorn: Wo wohnt Ihr Bruder?

H Nicht mehr in der Ho-Chi-Minh-Straße.

P Die heißt jetzt Bernhardstraße.

H Mein Bruder wohnt nicht mehr in der Ho-Chi-Minh-Straße, er wohnt jetzt auf der Bernhardstraße. Aber er ist nicht umgezogen.

P Na, sehen Sie! Langsam kommen Sie ja an in der neuen Zeit, Glückwunsch!

H Danke, Genosse Volkspolizist.

Von einem, der auszog, das Glück zu lernen oder

Die Freiheit des kleinen Mannes

2012

Es war einmal ein Mann, der lebte am Rande eines kleinen Bergdorfes als Schmied, er hatte Milch und Brot, weil er zwei Kühe und ein kleines Viereck voller Weizen besaß. In den wenigen freien Stunden lag er am Gänseblümchenhang, schob sein Gesicht in den Sonnenstrahl, war glücklich und nannte es Freiheit. Er wusste nichts vom bösen Klassenfeind und von den guten Politbüro-Genossen, weil er keine Zeitung und keinen Fernseher besaß.

Eines Tages kamen die Kreisstadt-Genossen und sagten ihm, dass er fortan noch glücklicher werden könne, wenn er dem Ruf der Partei folge, seine beiden Kühe und das Weizenviereck samt der Dorfschmiede der Genossenschaft zu übergeben, und wehe er folge nicht, das hätte Folgen. Also übergab er, denn er hatte nichts dagegen, noch glücklicher werden zu müssen, und tatsächlich bekam er nun geregelten Lohn, fuhr im geregelten Urlaub nach Bulgarien, um sein Gesicht in den noch wärmeren Sonnenstrahl zu schieben, und wenn es der Genossenschafts-LKW eines kaputten Motors wegen nicht bis zur Schmiede am Rande des kleinen Bergdorfes schaffte und also keine Hufeisennägel lieferte, dann konnte der Mann nicht arbeiten, legte sich auf den Gänseblümchenhang, galt aber trotzdem nicht als arbeitslos.

Da er schlecht zu Fuß war, kam aller Jubeljahre eine fliegende Urne vorbeigefahren, und der Mann steckte seine Stimme in den Urnenschlitz und wählte die Kandidaten, die er wählen sollte. Wenn er gelegentlich von Wanderern von den Katastrophen im Lande hörte, sagte er nur »Ach je«. Mehr sagte er nie. Er sagte nie viel. Er durfte auch gar nicht viel sagen, denn er lebte in einer Diktatur. Und hätte er was gesagt, hätte es auch nichts geändert. Also sagte er lieber nichts.

Eines Tages kam wieder ein Wanderer des Wegs und sagte, das Volk sei aufgestanden und die Mauer sei gefallen und die Freiheit sei gekommen. Der Mann sagte »Ach je!« und ging zu seinen beiden Kühen, die nun nicht mehr volkseigen, sondern wieder sein waren. Da war er glücklich. Es kamen auch blitzblanke LKWs und brachten blitzblanke Hufeisennägel. Aber es kamen keine Pferde mehr, die Hufeisennägel brauchten, denn die Genossenschaft ward aufgelöst und die Bergbauern fuhren in ihren neuen Gebrauchtwagen hinunter in die Stadt, um Arbeit zu finden. Bald schmiedete der Schmied nicht mehr. Er könnte jetzt in die ganz große Welt reisen, aber sein arbeitsloses Konto konnte nicht. Er hatte viel Zeit, auf dem Gänseblümchenhang sein Gesicht in den Sonnenstrahl zu schieben. Er hätte jetzt fluchen können, er hätte fluchen dürfen. Denn jetzt hätte er alles sagen können, denn er lebte in der Freiheit. Aber er sagte nur »Ach je«. Denn hätte er mehr gesagt, hätte sich auch nichts geändert. Also sagte er lieber nichts.

Er durfte jetzt frei wählen. Am Berghang hörte er »Helmut, Helmut«-Rufe, das Echo hallte »Mut, Mut!«, er sagte »Ach je«, machte sein Kreuz und warf es in die Urne. Und als alle nach dem Wechsel riefen, wählte er Schröder – aber es wechselte sich nichts.

In der alten Zeit kam manchmal die Gemeinde-
schwester auf dem Moped vorbei und brachte Medikamente. In der neuen Zeit kam manchmal der Gemeinde-
pfarrer auf dem Fahrrad vorbei, um Trost zu spenden
vor dem Alleinsein, da sagte der Mann »Ach je«.

Der Mann hat längst einen Fernseher. In seinem
Sessel schunkelt er manchmal mit sich, wenn die zwei
Amigos das Lied vom glücklichen Mann mit den zwei
glücklichen Kühen am Berghang singen. Das macht
den Mann glücklich.

Eines schönen Tages nun kam ein alternativer Wanderer mit einer Urne vorbei und sagte dem Mann, dass
Deutschland den Deutschen gehöre. Dagegen hatte der
Mann nichts. Seine Stimme verschwand in der Urne.
Er sagte »Ach, je«, und er dachte, dass er eigentlich nie
in seinem Leben Wanderer und Urnen gebraucht hätte.
Denn er hatte zwei Kühe und ein Weizenviereck und
den Gänseblümchenhang mit dem Sonnenstrahl. Das
machte ihn frei und zufrieden.

2019. Mit jedem zusätzlichen Jahresring befällt mich eine stärker werdende

Humorallergie

und es gibt Augenblicke, da würde ich gern Politiker vor den platten Witzen von uns Kabarettisten schützen.

Ich gehe als Autor selten auf die Bühne. Und dann bin ich nicht frei davon, für einen Lacher alles zu opfern. Schlimmstenfalls zitiere ich Politiker, wenn mir selbst kein Kalauer einfällt, und ich kann mir des Erfolgs sicher sein. Schamhaft gestehe ich, dass ich die Totenruhe von Helmut Kohl immer noch mit einem Satz störe, den er in seiner Hohen Zeit als Kanzler gesagt hat: »Das Probleme der Tretminen lässt sich nur Schritt für Schritt lösen.« Und wenn dann die Zuschauer sich vor Freude so lange auf die Schenkel klatschen, bis der Kopf zwischen den Schenkeln steckenbleibt, schiebe ich noch einen Satz nach, den Frau Merkel bei einer Wahlkundgebung in Dresden gesagt haben soll: »Die Geburtenrate ist in Dresden am höchsten. Und das haben wir alles Herrn Tillich zu verdanken.« Dies ist der Punkt, an dem der Letzte im Saal merkt, dass scharfes politisches Kabarett Spaß macht.

Natürlich gibt es Intelligenteres. Von meinem verstorbenen Freund Dieter Hildebrandt ist der schöne Satz bekannt: Wenn Lügen kurze Beine hätten, trügen Politiker Schlüpfer als lange Hosen. Das ist eine schöne Pointe. Aber ich mag diesen Politikerbashing nicht mehr. Ich finde das ungerecht. Ich würde so gern Positives über fleißige, kluge, für die Menschen wichtige Politiker sagen. Aber ich darf das nicht. Ich bin

Satiriker. Das ist ein schlimmes Schicksal. Es gab Zeiten großer Politiker wie Egon Bahr, der 1974 in Moskau die Geheimverhandlungen zwecks Ost-West-Annäherung geleitet hat. Ich ging nach einer Veranstaltung in Berlin durch den späten Abend, an dem auch Egon Bahr mit seiner Frau spazierend des Weges kam. Ich ging spontan auf ihn zu und bedankte mich bei ihm. Auch Politiker wollen von uns geliebt werden.

Nun muss man freilich nicht alle Politiker und -innen nachts auf der Straße umarmen. Bei Frau Merkel würde ich mir das zum Beispiel gar nicht erlauben. Schon weil ihr Mann da sauer wäre. Ich würde mich auch nicht beim Verkehrsminister bedanken. Soll ich ihm danken, dass sich die Dieselfahrer wegen Fahrverbot zu Fuß durch den Feinstaub husten, statt dass sich Autokonzerne verpflichten müssen, für den Schaden geradezustehen? Hat er als Minister nicht geschworen, Schaden vom Volk abzuwenden? Warum tritt er dann nicht zurück? Ich hätte so viele Fragen an die Regierenden: Habt ihr nicht versprochen, Steuersümpfe trockenzulegen? Und nun haben Banker und Investoren unter dem kumpelhaften Namen Cum-Ex allein in Deutschland sich 32 Milliarden Steuergelder zugeschoben, was nicht ihr Politiker aufgedeckt habt, sondern Journalisten.

Schämt ihr euch nicht? Dafür, dass ein Vorstandsvorsitzender der Deutschen Post über 200mal mehr verdient als ein Paketausträger? Ihr habt die Banken mit 70 Milliarden gerettet und im gleichen Zeitraum den Kleinsparer mit eurer Null-Zins-Politik um Milliarden betrogen. Schämt ihr euch nicht dafür, dass es in diesem reichen Land Tafeln geben muss, um die

Ärmsten zu speisen? Ihr lasst zu, dass in den Groß-stadtzentren die alleinstehende Mutter samt Kind auf die Straße gesetzt wird, weil die Mietwucherer das tun, was ihr ihnen gestattet: wuchern.

Aber was nun tun mit der Wut der Volksverräter-Rufer? Die Ostdeutschen sind im Herbst 89 auf die Straße gegangen. Und ein paar Monate später war die Regierung weg. Und das versuchen nun einige wieder: Frau Merkel muss weg! Aber wer dann? Herr Höcke von der AfD?

Kennen Sie Herrn Höcke? Das ist der, der über den Erfurter Domplatz gerufen hat: Ich möchte als deut-sche Frau wieder nachts auf die Straße gehen können. Ich weiß nicht, was der Höcke nachts als Frau auf der Straße will. Aber solange Höcke & Co vom Tausend-jährigen Reich schwärmen und von der Wehrmacht und von einem Vogelschiss der Geschichte sprechen, ein Vogelschiss, der 55 Millionen das Leben gekostet hat – gut: Sie können ja wählen: Zettel in die Urne wer-fen und schon wird vielleicht aus Deutschland Gau-land. So kann man ganz demokratisch die Demokratie abschaffen. Und Sie werden es kaum merken. Die Ab-wesenheit von Demokratie merkt man erst, wenn sie abwesend ist.

Meine Oma hat immer gesagt: Wenn der Schnee schmilzt, kommt die Kacke zum Vorschein. Aber man kann sie auch vorher schon riechen.

Lied zur Lage der Nation

2018

Was macht sich augenblicklich in diesem Lande
    breit?
Alle fluchen. Überall nur Angst und
    Hoffnungslosigkeit.
Und die auf der fetten Brühe schwimmen, rufen
    laut: Bye bye,
schnallt den Gürtel enger, denn die fetten Jahre
    sind vorbei.
Und der DAX wird wieder steigen, und die
    Reichen triumphieren,
weil sich Reichtum und die Armut auf der Welt
    globalisieren.
Dass die oben die da unten übersehen und
    verhöhnen –
daran will ich mich nicht gewöhnen.

Alle reden in den Reden durchgedrehtes Corned
    Beef.
Und sie drehen Schiefes grade und sie reden
    Grades schief.
Manche denken: Halt die Klappe, es hat alles
    keinen Sinn.
Denn es geht nur noch um Schnäppchen und
    Rabatte und Gewinn.
Und sie schicken deutsche Waffen. Und sie
    nennens Friedenstauben.
Und sie zeigen, wer der Feind ist, uns so lange, bis
    wirs glauben.

Und man hört sie schon von neuen Siegen und von
   Kriegen tönen –
daran will ich mich nicht gewöhnen.

Dass wir es nicht merken, wenn sie uns belügen
   und betrügen,
schenken sie dem Volk genügend buntes
   Volksvergnügen.
Dass wir uns daran gewöhnen, dass wir alle brav
   verstummen,
versuchen sie mit allen Mitteln, dass wir stumm
   verdummen.
Sie wolln mit BILD und RTL und Florian
   Silbereisen
und mit Kakerlakenfressen unser Hirn vergreisen.
Und wir lassen uns so gern verarschen und
   volldröhnen –
daran will ich mich nicht gewöhnen.

Einst sang Zarah Leander

Davon geht die Welt nicht unter

Aber die Welt ging davon unter. 2019

Dass nur Trümmer- und Leichenberge bleiben würden, hätte man schon zwanzig Jahre früher wissen können, als 1925 »Mein Kampf« erschien. Aber da tanzte Käthchen im Ballhaus noch beim Charleston fröhlich auf dem Vulkan. Gut, es haben einige gemahnt. Aber wir Menschen sind nicht gut geeignet, uns gegen Katastrophen zu wehren, bevor sie uns vernichtet haben. Auf der Titanic spielte die Bordkapelle, bis das letzte Sektglas kippte.

Nun mahnt eine Sechzehnjährige, dass die Welt durchs Klima untergeht, und plötzlich befinden sich alle Politiker im Klimakterium, beschließen in einer einzigen durchwachten Nacht, was sie jahrzehntelang verschlafen haben, nennen es Klimarettung und fliegen am nächsten Tag zum Klimagipfel nach New York, jeder mit einem anderen Flugzeug. Trotzdem, liebe Jungaktivisten: Gebt nicht auf. Schwänzt auch noch jeden Donnerstag die Schule. Das erspart eurem Direktor, Unterrichtsausfall durch Lehrermangel zu verordnen. Liebe Greta, du musst Geduld haben. Du wirst sicher noch mit Fridays-for-Future-Pappschilden auf die Straße gehen müssen, wenn dich Rücken und Ischias längst schon plagen. Der Mensch verharrt in Trägheit.

Während du weinend deinen Traum von einer Rettung der Welt hinausschriest, hatte ich nachts einen Albtraum: Ich sah mich mit einem Steak in der rechten und einem Coffee-to-go-Plastebecher in der linken Hand mit meinem Auto zu meinem dreihundert Meter entfernten Bäcker fahren, weil es regnete. Ich schreckte schweißgebadet auf, zählte schuldbewusst zum Frühstück hundert Haferflocken ab, rührte die in Wasser an, weil Milch von Methan furzenden Kühen stammt, aber in mir brach kein Glücksgefühl aus. Nichts gegen Vegetarier, auch wenn mich da immer das schlechte Gewissen plagen würde, den Viechern die Silage wegzufuttern. Aber mittags wurde ich schon wieder rückfällig, weil ich in der Arbeitshektik beim Türken nebenan dönerte statt mir im Ökokonsum einen künstlerisch nachgeformten Hühnerschenkel aus Tofu zu kaufen.

Ach, Greta, mein Gewissen hat eine Sollbruchstelle. Wenn du einmal regierst, bitte verbiete mir Fleisch und Kaffee aus der Kapsel und verbiete Kreuzfahrtschiffe, von denen in den nächsten Jahren über fünfzig neu gebaut werden. Und weil ich nicht mit dem Fahrrad nach Mallorca fahren kann, gestatte mir wenigstens ein Flugticket. Wenigstens den Hinflug. Und verbiete bitte alle SUVs, die, wie der Unfall in Berlin zeigte, Menschen töten können, was kein Audi A8 oder 7er-BMW geschafft hätte.

Ich fahre auch kein E-Auto, weil ich da immer kleine Kinderhände im Kongo in Minen nach Kobald buddeln sehe. Ich glaube auch nicht, dass die Autoindustrie das Klima retten will. Die Autoindustrie hat immer nur sich gerettet. VW hat das Dreiliterauto schnell wieder vom Markt genommen, weil es zu wenig Gewinn brachte. Denn im Kapitalismus überlebt nur, wer Profit macht, und der muss wachsen. Und weil der Kapitalismus ohne Wachstum nicht überleben kann, muss er mit seinem Raubbau die Erde zerstören, da kann er nichts dafür.

Also, Greta: verbiete den Kapitalismus, toi toi toi, oder wir treffen uns zum kollektiven Selbstmord, wenn wir lieber im Luxus untergehen statt zu verzichten.

Oder fürs Erste: Ich verzichte morgen auf mein Schnitzel, wenn du, liebe Greta, deine Generation aufrufst, mal eine Stunde das Smartphone auszuschalten. Denn deine Generation verbraucht mit Tablets, Handys und ewigem Videorunterladen heute schon acht Prozent des Stroms. Es wäre doch ein hoffnungsvoller Anfang, oder?

Ensemble 2019 (von links oben) Hannes Sell, Brigitte Heinrich, Michael Rümmler, Alexander Pluquett, Rainer Bursche, Philipp Schaller, Birgit Schaller, Nancy Spiller, Wolfgang Schaller, Anna-Marie Lehmann

Friedenssehnsucht

1996

Wir haben einen Goldfischteich.
Ein Fisch wurd durch die Katze
des Nachbarn eine Goldfischleich.
Die schlug ihn mit der Tatze.
Nun steht unser Familienheer
tagtäglich mit dem Luftgewehr,
den zweiten Fisch zu schützen.
Das tat dem Goldfisch nützen:
Die Katz liegt tot mit Blei im Bauch
neben dem Teich. Der Nachbar auch.
Es stört die Ruhe der Natur
und unsren Goldfischfrieden nur
das Heulen der Frau Nachbarin.
Der Opa schoss. Da fiel sie hin
und ließ nun ihr Gewimmer.
Der Goldfisch lebt noch immer.

Hansgeorg Stengel

Satiriker, 1988, Text zur LP »Kritik muss man üben«
mit Wolfgang Schaller, Rainer Schulze und Wolfgang Stumph:
»Der heisere Dichter, der explosive Knallfrosch am Klavier und der tapsige Schauspieler sind ein umwerfendes Trio« (Süddeutsche) – Sie haben es auf maximale Zuhörergemeinden, natürlich aufs Publikum in Millionenstädten abgesehen. Aber Dresden, Leipzig und Berlin genügte den Dreien nicht, sie kritisierten grenzüberschreitend in Budapest, Zürich, München, Köln und Vaduz. Es ist nun schon so weit gekommen, dass eine Münchner Zeitung applaudierte: »Was dieses Trio bietet, ist hochprofessionell.« Und eine andere (west)deutsche Zeitung schrieb nach ihrem Auftritt: »Obwohl sie nicht ganz verbergen konnten, dass sie aus dem Osten kommen, erreichten sie doch westdeutsches Spitzenniveau.« Da kann man nur stutzen.

1987: Wolfgang Schaller, Wolfgang Stumph und Rainer Schulze in dem Programm »Kritik muss man üben«

Wolfgang Schaller
und Wolfgang
Stumph 1988
beim Gastspiel in
München

Erinnerung

Kabarett war in der DDR kein Exportartikel. Der böse Klassenfeind hätte sonst möglicherweise erfahren, dass es in der DDR Probleme gab. Das Trio Schaller/Stumph/Schulze durfte trotzdem im Münchner Residenztheater gastieren. Bedingung: Das Wort Kabarett durfte nicht genannt werden. Das erklärte Schaller gleich im Entree mit einem Anruf an den Keulenchef: »Wir wollten dir nur sagen, dass wir hier kein Kabarett spielen.« Im Publikum saßen Dieter Hildebrandt, Gerhard Polt, Bruno Jonas, Werner Schneyder u.a. Es gab von der Künstleragentur einen »Begleiter« und 25 Westmark Taschengeld. Im Hotelzimmer teilten sich früh Stumph und Schaller ihre aus dem Osten mitgebrachte harte Salami, nicht wissend, dass es Frühstück im Hotel gratis gab.

Werner Schneyder, 2017

Wolfgang Schaller hatte ja im Rahmen des neuen freien Satiremarkts ein spezielles Problem: Satiriker und Direktor, Schreiber und Unternehmer zu sein. Das heißt, wenn er seine exakten Analysen, seine kalte Wut, sein leidenschaftliches Engagement ungefiltert durch komödiantische Kompromisse auf die Bühne gestellt hätte, hätte er sie leergespielt. Es gibt in der Großkunst Tendenzen, das für das wahre Künstlertum zu halten. Kabarett kann sich das aber nicht leisten. Wolfgang Schaller war und ist also ein Zerrissener. Zuerst zwischen einer geträumten Utopie und der Wahrnehmung der Realität, danach zwischen Wut und Abendkasse.

Dieter Hildebrandt, 2002

Kein Zweifel, das Kabarett in der DDR hat Triumphe gefeiert. Man musste jahrelang anstehen, um in eines dieser Häuser hineinzukommen. Es gibt in der Geschichte des deutschen Kabaretts nichts Vergleichbares. Man darf nicht vergessen, mit welchem Mut und welcher Verve Kabarettisten diese Frage immer wieder gestellt haben. Wenn ich Wolfgang Schaller einen Gratwanderer nenne, muss ich erklären, was ich für den Grat gehalten habe. Er war besorgt um die Erhaltung der Grundidee, eine demokratische Republik zu schaffen, konnte aber nicht schweigen, wenn er diese Idee durch zunehmende Entmündigung der Bürger in Gefahr geraten sah. Wolfgang Schaller ist nicht einen Schritt zurückgewichen. Sein Witz hat ihn geschützt, seine Begabung hat ihm den beschützenden Erfolg gebracht. Er hat es gottlob überlebt.

2010: Wolfgang Stumph, Wolfgang Schaller, Werner Schneyder, Uwe Steimle

Dieter Hildebrandt im Gespräch mit Wolfgang Schaller in der Münchner
Lach- und Schießgesellschaft

Rainer Bursche

beliebter sächsischer Schwejk in seinen fünfzig Kabarettjahren:
1980 störte sich bei einem Leistungsvergleich in Leipzig ein strammer Mitarbeiter des Zentralhauses für Kulturarbeit an einer Szene in einem Programm des Amateurkabaretts Die Lachkarte, deren Künstlerischer Leiter Wolfgang war. Der Mitarbeiter forderte, diese Szene zu streichen. Eine noch heute bekannte Kabarettistin konterte diese Forderung mit einem Lenin-Zitat. Darauf der Mitarbeiter: »Du behauptest also, Schaller ist der Lenin von Dresden.« Erwidert die Kabarettistin: »Wenn Schaller der Lenin von Dresden ist, dann bist du der Stalin von Leipzig.« Großes Gelächter, und die Szene wurde noch Jahre gespielt.

Rainer Bursche, von den Dresdnern geliebt und in der Presse gefeiert als »sächsischer Schwejk«, in »Mein Bello«

Hannes Sell über W.S.

mit dem er in »Durch Traum und Zeit« auf der Bühne steht:

Er ist ein Getriebener. Er treibt uns. Das nervt manchmal. Er treibt sich. Das nervt ihn. Getrieben von einem politischen Idealismus, etwas wirklich Relevantes auf der Bühne zu sagen, getrieben von der Verantwortung für das Haus, Loslassen ist seine Sache nicht. In der Auseinandersetzung direkt, manchmal unwirsch, immer fordernd, ist er eines ganz sicher: alte Schule. Für jemanden, der so vieles erreicht hat, kann er – wenn auch nicht über viel anderes – noch immer ganz gut über sich selber lachen.

Birgit Schaller und mit Hannes Sell im Programm »Freibier wird teurer«

Rainer Schulze

Liedermacher, bekannter Buchhändler in Wernigerode, für sein kulturelles Engagement in seiner Stadt mit dem Bundesverdienstkreuz ausgezeichnet: Schallers Liedertexte waren sehr begehrt. Gisela May hatte ihn schon gebeten, ihr einen Text auf den Leib zu schreiben. Insofern war ich chancenlos. Aber Schaller wollte einen Globus. Und den gab es in der DDR nur unterm Ladentisch. Ich hatte einen Ladentisch. Wir verabredeten einen Tausch: Globus gegen Text. Aus dem Globus wurden eine jahrzehntelange Freundschaft und gemeinsame Streifzüge über die Kleinkunstbretter. Aus Spaß am Spaß.

Birgit Schaller

in ihren Soloprogrammen mit stehenden Ovationen gefeiert, über ihren Mann und Kollegen:

Ein Ehepaar erzählt einen Witz. Aber wie man ihn auf der Bühne erzählt, darüber streiten wir uns seit dreißig Jahren oft bis in die Nacht. Dann weiß ich manchmal nicht: Ist es eine arbeitsreiche Liebesbeziehung oder eine liebevolle Arbeitsbeziehung. Aus heiterem Liebeshimmel kracht plötzlich ein Gedankenblitz aus der Firma dazwischen – und schon fliegen die Fetzen. Was für ein Glück.

Birgit Schaller zusammen mit Dieter Hildebrandt und Georg Schramm

Wolfgang Schaller und Wolfgang Stumph 1988 beim Gastspiel in München

Stumph und Schaller erzählen,

wie sie bei der Rückkehr von einem Westgastspiel das Auto zerlegen mussten, weil auf den Befehl des Zöllners »Kofferklappe aufmachen!« Stumpi geantwortet hatte »Das heißt bitte«, und wie sie, wenn sie ins Dunkle Triste weiterfuhren auf den Schlaglochstraßen, sich trotzdem wieder zu Hause fühlten. Stumph: »Ich bin dem ollen Schaller zu Dank verpflichtet für die Wege, die ich gehen konnte. Er hat mich an die Keule geholt.«

Gerhard Polt

Lieber Wolfgang, warum waren die Rattenfänger aller Zeiten so erfolgreich? Die Höckes sind so alt wie der Fußpilz, und den gabs schon vor der Antike. Ich glaube zu wissen, was Dich Dein Leben lang umtreibt, und ich sage Dir, Dich kennengelernt zu haben, bedeutet mir heute noch viel. Ich wünsche Dir Kraft, denn die brauchst Du noch für Deinen weiteren Lebensweg als Drücker auf die Stellen, die weh tun. Ich sag Dir dann als Kollege und Leidensgenosse bei unserem nächsten direkten Vis a Vis persönlich das Geheimnis der Bajuwaren: »Werd scho werdn sagt d'Frau Kern, 's is bei der Frau Horn ja auch wieder wordn.« Dein Gerhard Polt

Frank Schöbel erinnert sich

Stumpis »Toilettenmann« war umwerfend. Deshalb wollte ich mit ihm in meiner Fernsehsendung »Tour de Frank« 1987 unbedingt einen Sketch spielen: »Guden Dach, ich möcht Schlachorsängor wern.« Stumpi bestand darauf, dass aus Deinem Text nichts rausgeschnitten wurde. Da hielt man sich dran. Ein Novum im DDR-Fernsehen. In einer Zeitung war dann zu lesen: »Welch brillanter Show-Spaß.« Diese kleine Sternstunde im DDR TV habe ich dir zu verdanken, lieber Wolfgang!

Frank Schöbel gratuliert Wolfgang Schaller zum 75. Geburtstag

*In der DDR strahlte der Fernseher Silvester immer unse-
re Erfolge in unsere Schrankwandwohnzimmer.*

Abschied und Wiederkehr

Zum Jahreswechsel 1982

Wieder einmal naht die Jahreswende.
Auch diesmal nimmt ein Jahr ein jähes Ende.
Reporter haben originelle Fragen ausgedacht:
Die originellste heißt: Was hat dies Jahr für Sie
    gebracht?
Die Zeitung meldet einzelne Erfolge heute nicht –
sie meldet einen Jahresüberblickserfolgsbericht.
Die Staatskapelle übt schon an der 9. Sinfonie;
die Ode an die Freude soll so jubeln wie noch nie.

Wir haben allen Grund:
Es lief ja alles rund:
Die Bäuche wurden dicker.
Die Hosen wurden schicker.
Die Mädchen blieben willig.
Die Brötchen blieben billig.
Wir lagen in der Welt ganz vorn
bei Produktion von Bier und Korn
und Produktion von Kindern
und wie wir sie verhindern.

Die Sportler fuhrn zu Kämpfen raus.
Wir kämpften unsern Kampf zu Haus,
Wir lebten alkoholisch
und mikroelektronisch.
Wir haben uns selbst gratuliert

und waren von uns fasziniert.
Kurz: im Silvestertrubel
entkorken wir den Jubel.
Denn dieses Jahr kam endlich der Elektriker.
Und an der Seele meines Chefs wurde der Speck
    dicker.
Und Eva hat zum ersten Mal die Liebe ausprobiert.
Mein Kater hats zum letzten Mal, dann hat man
    ihn kastriert.

O Jahr, schenke mir Liebe
zum Weib und zum Betriebe.
Lass uns Maitriebe kriegen
und Maikäfer lass fliegen.
Lass Schreiber Bücher schreiben
und Freunde Freunde bleiben.
Ich wünsch, wenn ich mal Blinddarm hätt,
im Krankenhaus ein freies Bett,
und dass sich das Geschichtsrad dreht
und es im Kreise vorwärts geht –
spiralförmig gesehen.

Wünsch Sehende, die sehen,
dass Glücksraketen steigen
und Kriegsraketen schweigen
und dass uns wie bei Wilhelm Busch
ein Igel friedlich schützt,
weil keiner einen Notausgang auf dieser Welt
    besitzt.

Die Freundlichkeit ist ausgebrochen

Wer fängt sie wieder ein?

Nach Jahren, in denen sich der Winter vor lauter Erderwärmungspanik nicht mehr auf die Straße traute, flockte es an diesem Silvesterabend im Überfluss. Aber Überfluss kann schlimmer sein als Mangel.

Wir abgehärteten Ostler haben die Freude des Mangels zu spüren bekommen, wenn es uns einst gelang, auf dem Striezelmarkt einen Nussknacker zu erstehen.

Aber heute? Abertausende im asiatischen Untergrund geborene Erzgebirgsnussknacker grinsen uns aus den Buden entgegen. Die Freude, im Mangel etwas kaufen zu können, was es gar nicht gab, wurde vom Überfluss besiegt.

Vorbei die Zeiten, da man engelhafte Beziehungen haben musste, um eine handgeschnitzte Weihnachtsendfigur zu erstehen, eine einzige, die uns glücklich machte und die dann zu Hause neben der Fichte stand, die schon vor dem Fest nadelte und in deren lichte Stellen wir Zweige gebohrt hatten. Das hat man uns alles an Freude genommen, seit uns himmlische Heerscharen aus allen Verkaufsbuden überfallen. Der Überfluss hat uns im Bann so wie einst die Mangelwirtschaft.

»Schönes Fest noch«, ruft mir eine Thüringer Bratwurst hinterher. Die Freundlichkeit ist besonders zur Weihnachtszeit gewalttätig. »Schönen Abend noch«, nickt mir der Kellner zu, als ich das Lokal verlasse. Das Unfreundliche an dieser Freundlichkeit ist: Man glaubt ihr nicht. Setzte man sich früher unaufgefordert in ein

Lokal, schrie einem der Kellner entgegen: »Momend ämal, hier wärn se blatziert!« Da wusste man wenigstens: Diese Unfreundlichkeit kommt von Herzen.

Auch zu Hause droht seit den Weihnachtstagen gemütliche Stimmung, die mir gar keine Chance lässt, angesichts der Zukunftsaussichten in Resigna-Tiefen zu fallen: Ich sitze inmitten von handgeschnitzten Engeln und Hirten, mit denen meine atheistische Frau das Wohnzimmer vollgestellt hat und mir in dieser Erzgebirgs-Idylle zu verstehen gibt, dass sie – zumindest in der Adventszeit – mit einem Nussknacker als Mann glücklicher wäre. Sie ist dann allabendlich rege beschäftigt, die zweiunddreißig Pyramidenkerzen am Brennen zu halten, was bedeutet, dass die erste Kerze links vom rechten Christkind schon wieder zu verlöschen droht, wenn grad die letzte Kerze rechts vom linken Räuchermännl durch eine neue ersetzt werden muss.

In dieser Atmosphäre besinnlicher Ruhe lass ich das Jahr an mir vorbeiziehen. Und wenn mich zu viele Bilder an ärgerliche Zeiten erinnern, beschließe ich in jenen beschaulichen Minuten, den Ärger wenigstens zu genießen. Denn wer über dieses Jahr nur klagt, dem fehlt die Vorstellungskraft, was in den nächsten Jahren noch folgen kann. Wird der große Gau kommen oder der kleine Prinz?

Ich weiß nur: Das neue Jahr wird kommen. Und weil das übernächste Jahr noch schlechter wird als das nächste, ist das nächste Jahr besser. So optimistisch muss man das sehen. Prost!

Weihnachten 2016. Es gibt einen Abend im Jahr, an dem würde ich allen gern mein

Gesammeltes Schweigen

schenken.

Alle Jahre wieder, wenn am Weihnachtsabend die Lichter brennen, wenn wir ermattet unter dem Tannenbaum liegen von unserer Jagd durch die Konsumtempel nach Gottes An-Geboten, dann bitte, lasst uns erlösen von unserem Kaufzwang, einen einzigen Abend lasset uns innehalten in unserer Hektik, in der wir dem Glück hinterherrennen, lasset uns einen Abend lang schweigen. Süßer die Glocken nie klingen.

Wir haben auf allen Weihnachtsmärkten, die auf jedem freien Quadratdezimeter der Stadt emporwuchsen, an den Bratwurstständen Schlange gestanden, als habe der Heilige Geist eine Hungersnot angekündigt. Aber an diesem einen Abend, in dieser stillen, heiligen Nacht, wenn ein Lichtlein brennt in unseren Herzen, da dürfen wir auch einmal deutsche Weihnachtslieder singen, ganz leise, nachdem uns auf den Weihnachtsmärkten aus allen Lautsprechern Jingle Bells die Ohren verstopften und ich mich zu den Klängen von Jesulein zart an einer türkischen Bude mit einer russischen Verkäuferin für eine China-Fleischpfanne entschied, schlechten Gewissens zwar, weil Jesus in der Krippe geboren wurde und nicht im Wok.

Nein, an diesem Abend, da will ich deutsche Weihnachtslieder singen. Lobt Gott, ihr Christen, alle gleich.

Ich sehe in der Nachkriegszeit meinen Vater, der dank Arbeitslosigkeit keine andere Chance hatte als Kommunist zu sein, am Klavier sitzen und Vom Himmel hoch da komm ich her singen, neben dem Klavier im Regal Stalin, der mir aus sechzehn Bänden entgegenlächelte, bevor er wieder zehntausend Kommunisten in den Gulag schickte. O du Fröhliche. Dies ist der Abend der Waffenruhe, des himmlischen Friedens zwischen den Ehepaaren und zwischen den Nachbarn, so wie am Heiligen Abend in den Schützengräben der Weltkriege die französischen und die deutschen Soldaten die MP's niederlegten, aufeinander zugingen, sich umarmend O Tannenbaum sangen, um sich einen Tag später wieder gegenseitig zu erschießen.

Dies ist, gleich woran wir glauben oder wovor wir den Glauben verloren haben, der Abend der friedlichen Ruhe. Und die, die friedlich in Dresden patriotisch deutsche Weihnachtslieder sangen, zwischen denen keine Atempause war für Absaufen!-Absaufen!-Rufe, sangen sie auch die alte Weise Macht hoch die Tür, das Tor macht auf? Damit in der weihnachtlichen Krippe Araber, Afrikaner und Juden nicht vor Angst flüchten und auch künftig Kaspar, Melchior und Balthasar kommen und nicht nur Amazon, DHL und Zalando.

An diesem Abend soll es in einem friedlichen schönen Land einmal still sein, einmal einen ganzen Abend ganz still – auf allen Kampfplätzen in unseren Wohnzimmern und unseren Plätzen und Straßen. Und im Bundestag. Welch ein Jubeln, Tirilieren: Einmal Schweigen im Bundestag. Einmal Waffenstillstand für die alten Blabla- und die neuen Dummdumm-Geschosse, für all dieses eitle Gezänk um die Macht. An diesem Abend schweigt!

Es ist für uns eine Zeit angekommen, in der es nicht sicher ist, ob sie uns Friede und große Freud bringen wird. Lasset uns innehalten: Dass es friedliche Weihnacht bleibt zu allen Jahreszeiten, in unserem Land und auf unserer zerbrechlichen Erde. Dass wir sie erhalten. In Ewigkeit.

1994 bittet ein

Souffleur

um Schweigen
(nach einem Text von André Heller)

In meinem Souffleurkasten, von dem aus ich dem deutschen Nationaltheater unter den Rock sehe, sitze ich ganz nah an den Schmierenkomödianten der politischen Bühne. Und wenn sie ihre Hauptrollen spielen, dann warte ich auf meinen Augenblick: Ich bin ihr Souffleur!

Ich hocke gliederverrenkt hinter dem Rednerpult im Bundestag, eingeklemmt zwischen den Beinen der Dauerredner. Ich könnte Herrn Blüm zum Stürzen bringen, wenn ich ihm die Fußbank wegzöge. Au! Scharping tritt mir beim Reden auf die Hände! Und niemand ahnt, welches Gewicht Null-Lösungen haben!

Doch wartet! Die Stunde meiner Vergeltung kommt!

Ach, wenn sie mal bei ihren Reden
mittendrin im Optimisteln
nur einmal nicht weiterwüssten!
Aus Verlegenheit ein Hüsteln!
Wenn sie auf mein Stichwort hoffen,
wird sich meine Rache zeigen!
Wenn sie »Wie nun weiter?« winseln,
sag ich, was sie tun solln: Schweigen!

Welch eine großartige Vorstellung: Schweigen im Bundestag! Ein Waffenstillstand für die Worthülsen. In meinem Ohr dröhnt noch der Kanzler 1990: »Keiner muss für die deutsche Einheit Opfer bringen.«

Was war der Rattenfänger von Hameln gegen den Stimmenfänger aus Oggersheim!?

Auf den Gemeinplätzen der Macht tanzen die Betrogenen ihren Siegesreigen im Takt der taktierenden Feiertagsredner. Denkfehler stören nicht so wie Sprachfehler. »Den Sozialismus in seinem Lauf halten weder Ochs noch Esel auf.« Der Vorhang fiel vom alten Stück, aber wann wird das neue abgesetzt?

Meiner Meinung nach gilt das sofort. Unverzüglich! Weh mir! Die Komödie hat Blähungen. Und ich, der Souffleur, sitze schon Jahrzehnte ruchnah an ihren Sprechblasen.

> Ach, wenn sie doch nur schweigen könnten,
> statt sich vor mir zu entblößen,
> um in jeden Wind zu furzen
> und mir den Gestank einflößen!
> Oh, lasst mich doch Vergeltung üben
> und ihnen die Löcher stopfen,
> dass aus Mündern und aus Hintern
> nie mehr solche Töne tropfen.

Seht! Die völkischen Volksschauspieler warten schon wieder auf ihren Auftritt, und Knattermimen preisen in Jamben das Tausendjährige Reich. Doch da – da kommt mein Auftritt! Eh die deutsche Schaubühne ganz verkommt zur Saubühne, erhebe ich mich aus meinem Verschlag und trete ans Licht, ich, der Souffleur, schreie nun allen mein Schweigen entgegen.

Ach, endlich steh ich auf der Bühne!
Endlich bin ich an der Reihe!
»Bravo, schweigen Sie noch einmal!«,
hör ich die Da-capo-Schreie …

Und eine Minute – eine Minute lang hat Deutschland
Pause. Eine Gedenkminute für die Opfer der schuldig
gewordenen Worte. Eine Bedenkminute – bevor wir
weiterreden.

1999/2000. Herr A zieht Silvester zur Jahrtausendwende eine

Glückliche Bilanz

Um es in einem Satz zu sagen:

Obwohl Herr A. erst vor Wochen einen Staubsauger erstand, von dessen Leistungskraft ihn der Vertreter überzeugte, indem er in einer dreistündigen Showvorführung demonstrierte, wie die Sogkraft nicht nur die Milben aus der Matratze, sondern das gesamte Deckbett durch das Rohr sog, bis am anderen Ende des Saugers die Federn wie aus einer Schneekanone ins Schlafzimmer wirbelten, so dass Herr A. einen Augenblick wie Väterchen Frost im Gestöber stand, konnte er der Aussicht nicht widerstehen, fürs Weihnachtsfest in seinem Lieblingsdiscounter einen der in einer Werbeschrift avisierten Minimega-Schmutzvertilger all inclusive elektronischem Duftsprüher mit XXP-Steuerung für nur zwölf Euro neunundneunzig zu erjagen, indem er sich trotz rheumatischer Beschwerden im Ischiasbereich zwei Stunden vor Ladenöffnung in die Schlange stellte, um sich dann im Nahkampf mit siebenundfünfzig Schnäppchenjägern unter Inkaufnahme eines blauen Auges auf den Kartonstapel zu werfen, bis er den Zweitsauger triumphal der Kassiererin entgegenhalten konnte, bevor er die neue Trophäe zu Hause in einer Schauvitrine neben dem dreizehnteiligen Gurkenentsafter aus handgewachstem Zedernholz platzierte, den er gestern in einer Sonderaktion bei LUDL für nur neun Euro neunundneunzig geschenkt bekam und den er sommers auf einem bei einer Rabattoffensive von WALDI für vier Euro neunundneunzig erstandenen Balkontischchen im echten Safarilook stellen wird, während er im Lichte einer faltbaren Gartensolarleuchte mit eingebautem Zigarrenanzünder (für zehn neunundneunzig) im Manufactum-Katalog vom Luxus für Besserverdienende träumt, zum Beispiel von einem (wörtlich) »Bananenfalzbein, das sich so angenehm anfühlt, dass man es auch ungenutzt nicht gern aus der Hand legt«, und das den Vorteil hat, dass es in seiner Unverwendbarkeit Herrn A. in eine sorglose Welt entrückt, die den Frust über die eigene Unverwendbarkeit als arbeitsloser Hartz-IV-Empfänger für einen Augenblick vergessen lässt, weil Herr A. selbst teilhaben kann am kleinen Glück, wenn er versonnen mit der neuen Fusselfräse mit thermostatischem Auffangbehälter (im Angebot für drei neunundneunzig) über die inkontinenzhemmende Lamadecke (preisgesenkt für vierzehn neunundneunzig) fährt, die ihn die Wärme des Kapitalismus spüren lässt, damit ihn die täglichen frostigen Schreckensmeldungen über Hungertote und Folteropfer nicht frieren lassen und er sich im undurchsichtigen Globalisierungsgestrüpp wenigstens am bakterienabweisenden Kochlöffelhalter (im Doppelpack für zweineunundneunzig) festhalten kann, und nur am Silvesterabend, wenn Herr A. einsam vor seiner Vitrine sitzt und als ehrwürdiger Christ seine kaufbaren Götter anbetet, die lederverchromten Eierwärmer und druckluftsicheren Pupskissen, die ihn an manchem Tag erlöst haben von all den Übeln, dann kommt es schon vor, dass Herr A. schwermütig wird und ein Gebet spricht, in dem er beklagt, dass wir alles haben, nur nichts, an das wir noch glauben, und das uns kein Feuer töten kann, sondern nur der Plunder, mit dem wir es entfachen, und dann wird Herr A. sehr müde, so müde, dass er in seiner Einsamkeit nicht mal mehr zu der Gummipuppe aus dem Sexshop greifen kann, die ihm stets ohne lästiges Vorspiel zweisame Lust verschafft hat (mit integrierter, beim Kuss auf die Schaumstofflippen »Ich liebe dich« hauchender Computerstimme für nur zweiundzwanzig Euro neunundneunzig), und als das neue Jahrtausend geboren wurde, unterbrachen die Fernsehstationen kurz ihre Werbesendungen mit Beethovens Freude schöner Götterfunken. Aber da schlief Herr A. schon.

You are so beautiful. Kennen Sie noch diesen Hit von Joe Cocker? Wenn wir an früher denken – da erscheint uns die Vergangenheit oft beautiful. Da können wir nichts dafür. Forscher haben festgestellt, dass unser Gehirn schlechte Erinnerungen einfach löscht. Meine Erinnerung erinnert mich an die Nachkriegszeit, Mutter schenkte mir zu Weihnachten ein Leibchen. Kennen Sie noch Leibchen? Das war so ein Mieder, heute würde man vielleicht Strapsgürtel sagen, und daran wurden dicke wollene Stümpfe geknöpft. Meine Mutter sagte dann: Junge, nächstes Jahr wirds besser. Jedes Jahr zu Weihnachten sagte sie: Nächstes Jahr wirds besser. Wir träumten uns immer auf eine Insel, die Hoffnung hieß. Die Zukunft wird besser. Heut heißt der Ruf

Früher wars besser

Ich frage 2019: You are so beautiful?

Nichts war früher schöner! Früher wars schlechter. Neunzig Prozent der Menschen waren früher arm, hungrig und krank. Sie waren dumm und hässlich. Doch heute sind Milliarden Menschen gut genährt und gesund – und einige sind sogar schön.

Früher gabs Mangel. Heute gibt es Überfluss. Wir sehen gar keinen Grund, von einer neuen Insel der Hoffnung zu träumen. Wir gehen lieber im Wohlstandsmüll unter. Wir haben uns den aufrechten Gang erkämpft, um unser Rückgrat heute unter der Last der Einkaufsbeutel zu krümmen. Wir sind so satt. Wir leben mit unsern Diäten in der Welt von Weight Watchers, in der haben Flüchtlinge auf der Sea-Watch nichts zu suchen. Leben retten ist eine kriminelle Handlung, die mit bis zu zehn Jahren bestraft wird. Ein Schiff mit Müttern mit Kindern, die lieber untergehen sollen, damit sie uns nicht an unsere Schande erinnern: Dass wir reich geworden sind durch ihre Armut. Dass wir mit unserer Maßlosigkeit in unserer Komfortzone an jedem vor Hunger gestorbenen Kind mitschuldig sind. You are so beautiful.

Wir haben Fett angesetzt. Nicht nur am Bauch, sondern im Gehirn. Wohlstand macht hirntot. Oder gehören Sie zu der Hälfte aller Deutschen, die zu lebenslangem Niedriglohn verurteilt sind? Oder zu den alleinstehenden Müttern, die sich mit ihrem Kind keine Fahrt im Vergnügungspark leisten können?

Dagegen wollen Sie auf die Straße gehen?

Denken Sie nicht an so was. Denken Sie überhaupt nicht. Wozu brauchen wir Gehirn? Für uns denken ja künftig Roboter. Wir werden Roboter haben, die alles für uns erledigen. Wenn wir alt und krank im Pflegeheim liegen, wird keine menschliche warme Hand da sein, die uns streichelt. Da wird eine kalte Roboter-Blechhand nach uns greifen und ausrechnen, wie viel unsere Ersatzteile zur Wiederverwendung wert sind. You are so beautiful.

Forscher im Silicon Valley forschen ernsthaft daran, unsere Gehirne zu vernetzen, damit ich weiß, was die anderen über mich denken. Aber ich möchte das gar nicht wissen. Ich möchte mir nichts ins Gehirn pflanzen lassen, damit die Mächtigen nur einen Knopf anschalten müssen und schon marschiere ich, wie und wohin sie wollen. Aber wir begrüßen die künstliche Intelligenz wie einen Heiland. An Ihre Tür wird eine Drohne klopfen und sagen: Guten Tag, ich bin die Drohne von Amazon, ich bringe Ihnen ein Päckchen.

Und sie antworten: Aber ich habe doch gar nichts bestellt. Und die Drohne wird sagen: Das müssen Sie auch nicht. Wir wissen, was Sie brauchen, bevor Sie wissen, was Sie brauchen. Wir wissen alles über Sie. Und Sie werden sagen: Beautiful!

Das ist eine Diktatur, die richtig Spaß macht. Was brauchen wir da noch Träume von einer Insel der Hoffnung? Wir werden hundert Freunde haben, von denen wir keinen kennen. Wir werden einsam sein. Denn Roboter können nicht fühlen und nicht lieben und nicht weinen und nicht lachen.

Vielleicht sollten wir es statt mit der künstlichen Intelligenz erst mal mit unserer natürlichen Intelligenz versuchen? Das wäre beautiful.

Waren wir wirklich früher glücklicher? Ich denke, das kann man so nicht sagen. Aber wir hielten mehr zusammen. Im Kollektiv, in der Hausgemeinschaft. Der Mensch ist ein Zoon politicon – ein Gruppentier. Der Mensch macht alles gern in der Gruppe. Das gibts ja auch heute noch: Gruppenwandern in der Wandergruppe, Gruppengespräche in der Gesprächsgruppe, Gruppentherapie in der Therapiegruppe, Gruppensex in der ... naja, den gab es in der DDR auch. Damals hieß das Brigadevergnügen. Die Dresdner erinnern sich noch gern an das Hochwasser im August 2002: Da gab es plötzlich Solidarität unter Leuten, da holte der Nachbar plötzlich seinen Bierkasten aus dem überfluteten Keller und lud dich ein. Aber wir können doch nicht jedes Jahr Sachsen fluten, nur um den Nachbarn mal kennenzulernen. Zur Erinnerung an jene schönen Tage eine

Wassermusik

Eine sächsische Wasserstandsmeldung anno 2002

»Wir sind im Kampf gegen das Hochwasser für jeden Sack dankbar«, sagt die Frau übern Gartenzaun.

Erst kam die Flutwelle. Dann kam Stoiber.

»Schlimmer kanns ni komm'!«, sagt die Frau, »'s steigt schon über neun Meter!«

In gelben Hochwasserstiefeln stakst der bayrische Ministerpräsident (CSU) übers Dresdner Trockengebliebene und sagt »Ä, ä, ä«.

Die Frau (parteilos) sagt übern Gartenzaun: »Was will 'n der Knallarsch hier?!«

Schröder (für alle politisch nicht Interessierten: Kanzler von Deutschland) steht in gelben Hochwasserstiefeln im Grimmaischen Trockengebliebenen und sagt, dass das jetzt keine Zeit für Wahlkampf sei. Schröder schaut dabei den neben ihm stehenden sächsischen Ministerpräsidenten an. (Für alle, die jetzt Biedenkopf denken: er heißt Milbradt.)

Frau Merkel (CDU) sagt, dass sie auch vom Hochwasser ein Stück weit betroffen sei. Obwohl sie eigentlich gar nicht vom Hochwasser betroffen sei.

Dass Politiker betroffen sind, ist nicht neu. Zur Oderflut war Herr Kohl (für die jüngeren Leser: früherer Bundeskanzler) auch betroffen. Aber nicht ein Stück weit. Ein Stück weit ist neu.

»Mir wärns schon packen!«, sagt die Frau übern Gartenzaun, »bei mir is bloß de Sesselgarnidur abgesoffen.«

Gottschalk spendet, Jauch spendet. Harald Schmidt (West) sagt, wenn er schon so viel spendet, will er auch ein Mitspracherecht haben, was für eine neue Sesselgarnitur sich die Frau am Gartenzaun (Ost) kauft.

Die Flut steigt. Der DAX steigt.

Der Börsianer sagt, die Bauindustrie erwartet durch das Hochwasser eine Hochkonjunktur.

Die Nachbarin ruft zur Frau hinterm Gartenzaun: »Plötzlich sind sie da, die Milliarden für den Osten.« Die Frau sagt übern Gartenzaun: »Die Gadastrophe kam grad noch zur rechten Zeit.« Die Nachbarin sagt, dass die Politiker viellcicht die Katastrophe absichtlich organisiert haben, um von ihrer eigenen Katastrophe abzulenken. Der Mann von der Frau kommt hinzu und sagt zu seiner Frau, dass das gar nicht geht, weil, sagt der Mann von der Frau, die Natur die einzige Macht ist, die sich nicht korrumpieren lässt. Das gelingt, sagt der Mann, nicht mal den Amerikanern. Deshalb, sagt der Mann, rächen sich ja auch die Amerikaner an der Natur und unterschreiben nicht das Klimaabkommen, weil, sagt der Mann: die Amerikaner denken, wenn das Ozonloch den Bush sieht, zieht es sich vor Schreck zusammen.

Die Frau sagt: »Mir wärns schon packen.«

»Wir haben schon gepackt«, sagt die Nachbarin, »falls es noch schlimmer kommt.«

»Was solln noch Schlimmres komm' als die Flutwelle!?«, sagt die Frau übern Gartenzaun.

Herr Stoiber (CSU) ruft zum Abschied den Flutopfern zu, dass sie ihn bald, ä, bald, wiedersehen, wenn sie ihn als neuen – ä, Bundeskanzler kriegen. Die Frau übern Gartenzaun sagt zur Nachbarin: »Mir wärs lieber, wenn ich ne neue Gautschgarnidur krieg!«

In Bad Schandau ruft ein Kind: »Gucke mal, Mutti, die Russen komm'!« Ein Amphibienkoloss schiebt einen Brückenrest zur Seite. Der Fahrer sagt: »Charascho?« Der Fahrer hat keine gelben Stiefel an. Er steht im Wasser.

Damals hieß die Losung VOM ICH ZUM WIR. Heute heißt die Losung VOM WIR ZUM ICH. Ich will glücklich sein. Ich will mich selbstverwirklichen. 1970 bekam ich eine Neubauwohnung. Neben mir wohnte eine Verkäuferin, über mir ein Arzt, da wohnte der Busfahrer neben dem Kombinatsleiter, und Fasching und Silvester haben wir immer im Keller zusammen gefeiert. Und wenn ich einen Kuchen backen wollte und Zucker war alle, da ging ich zum Nachbarn und borgte mir welchen. Heute hat fast jeder Zucker. Früher hat sich der Nachbar noch für einen interessiert. Da wusste man noch voneinander. Meine Nachbarin hat mir damals Liebesbriefe geschrieben. Und mein späterer Nachbar hat sogar eine Akte über mich geschrieben. Das war eine schöne Zeit. Heute sind wir ein

Egoland

2006

Ich will nur mit mir sprechen.
Ich sing mit mir im Chor.
Ich habe meine Meinung.
Ich komm bei mir stets vor.

Ich muss mich gar nicht suchen,
ich weiß ja, wo ich bin.
So kann ich mich gut finden
und renne zu mir hin.

Ich reich mir meine Hände.
Ich bilde einen Kreis,
renn mit mir um die Wette
in meinem eignen Schweiß.

Ich muss noch schneller gehen,
ich renne vor mir fort.
Ich treff mich auf der Straße
und gebe mir mein Wort.

Und wenn ich einmal falle,
heb ich mich selber auf
und sage zu mir »Danke«
und leg mich auf mich drauf.

Ich spür meine Umarmung.
Ich brauch dazu nicht Dich.
Ich warte, bis ich komme,
und freue mich auf mich.

Und wenn ich mit mir schlafe,
dient das dem guten Zweck:
Wenn ich am Morgen aufwach,
dann bin ich meist schon weg.

Ich zieh mit mir ins Weite,
damit ich mich gebär.
Ich brauch mich an der Seite.
Ich bin so familiär.

Nun häng ich neugeboren
an meiner Nabelschnur
und frag, wenn ich mich stille:
Mein Gott, wer bin ich nur?

Mein siebzehnjähriger Sohn sitzt pizzakauend am Com-
puter, mit der linken Hand sich per Tastatur mit Wi-
kipedia und Google-News durchs Weltnetz surfend, mit
der rechten Hand SMS-Botschaften ins Reich von Star
Wars sendend. Ich komme mir vergangen vor mit mei-
nem Handy, auf dem ich nur telefonieren kann, weil ich
mich mit Altersstarrsinn frage, warum ich auf einem
Handy unbedingt simsen oder fotografieren soll? Ich will
ja mit meinem Fernseher auch nicht kochen. Natürlich
benutze ich auch das Internet. Es ist großartig: Die ganze
Welt vernetzt! Bald kann jedes Kind in Bangladesch mit
Internet-Zugang ein Fernstudium an den Eliteuniver-
sitäten in Stanford oder Cambridge absolvieren. Wenn
es nicht vorher verhungert ist. Der Fortschritt schreitet.
Wohin schreitet er denn? Fort. Doch die Chance ist

Gottfrieds Krise

2004

Mein Freund Gottfried hat eine Lebenskrise. Sein Computer ist ausgefallen. Gerade jetzt, da er mit seinem Ge-
schäftspartner kommunizieren muss, damit der Auftrag für die Firma nicht platzt. Gottfried wäre sogar
bereit, ihm die Unterlagen persönlich zu überreichen.
Sein Büro ist ja gleich schräg über die Straße. Mit dem
Auto sind das höchstens dreißig Sekunden. Schließlich
will er seinen engsten Kompagnon nicht enttäuschen.
Er kennt ihn ja schon seit vier Jahren. Aber wie soll er
ihn finden? Gottfried weiß ja nicht, wie er aussieht. Er
verkehrte mit ihm bisher nur per E-Mail. Und an das
Geld für die Transaktion kommt Gottfried auch nicht
ran. Er könnte seine Bank anrufen. Telefonbanking
ist ja längst kein Problem mehr. Wenn er die Nummer

wüsste. Denn seit er an seinem Apparat nur noch die programmierten Tasten drücken muss, hat er zunächst alle Telefonnummern und dann die Namen selbst seiner besten Freunde vergessen. Nur ab und zu plagt ihn das Gewissen: Ich müsst mich mal wieder beim dritten Knopf von oben melden.

Glücklicherweise rief die Bank bei Gottfried an, dass ein Virus ihre Computer befallen habe. Alle Daten seien gelöscht. Nicht, dass der Banker sich stur stellt. Gottfried ist mit ihm per Anrufbeantworter eng befreundet. Aber auf einem gelöschten Konto ist nun einmal kein Geld. Das musste Gottfried natürlich einsehen. Die Bank würde Gottfried mit einem Kredit entgegenkommen, wenn er sich legitimieren könnte.

Aber wie soll er sein Geburtsdatum rauskriegen, wenn sein Computer Alzheimer hat? Die einzige Möglichkeit wäre, Gottfried ginge persönlich zur Bank. Aber er weiß nicht, wo sie ist. Und der Banker kann es ihm nicht sagen, weil der abgestürzte Computer der Bank die Anschrift der Bank vernichtet hat. Das wäre nicht das größte Problem. Aber die Bank sitzt nun auf ihren Millionen und weiß nicht, wem sie gehören.

Das wäre nicht das größte Problem. Aber die Millionäre können ihre Millionen nicht nachweisen und sitzen im Minus. Sie müssten aufs Feld, heimlich Kartoffeln roden, um sich zu ernähren.

Das wäre nicht das größte Problem. Aber wie sollten sie die Felder finden? Sie wissen zwar, Geld stinkt nicht. Aber wie sollen sie noch wissen, wie Kartoffelkraut riecht?

Aber das wäre nicht das größte Problem. Stellen Sie sich vor, der Virus hätte auch die Computer im Weißen

Haus lahmgelegt. Sie könnten den US-Präsidenten nicht mehr alarmieren, in welcher Gegend der Welt er morgen die Menschenrechte mit Füßen retten muss. Da müsste sich der Präsident vielleicht noch persönlich auf die Socken machen, um zu erkunden, wo er eingreifen muss. Und dann landet er womöglich am Bosporus und nennt die Eingeborenen Bospo-Russen. Das ist alles schon in der Geschichte passiert. Auch Columbus ist statt in Indien in Mittelamerika gelandet und nannte die Eingeborenen Indianer. Aber das wäre nicht das Problem.

Aber wenn ein Weltvirus alle Computerprogramme killt, ist die ganze Weltgeschichte gelöscht, und wir stünden wieder am Anfang. Die ganze Menschheit rauf auf die Bäume und noch mal von vorn beginnen.

Das wäre vielleicht eine Chance?

Für viele ist die Hochzeit eine

Romanze

Das war schon 1994 so.

Er Erinnerst du dich noch?

Sie O ja.

Er An unseren zweiten Hochzeitstag, als wir uns in der Freiheit endlich trauen konnten, uns kirchlich zu trauen.

Sie Du warst unabkömmlich.

Er Ich musste nach Singapur in Singapur, der Nussknackerkrise wegen, die maschinelle Produktion erzgebirgscher Handschnitzereien stagnierte weltweit.

Sie Unser Ja-Wort ward durch die Rezession gefährdet. Aber wir hatten ja zu Hause den Computer.

Er Und dank liebevollem Knowhow der malaysischen Brüdergemeinde der singalesischen Tochtergesellschaft von Apple Macintosh trafen wir uns pünktlich neun Uhr mitteleuropäischer und einundzwanzig Uhr ostasiatischer Zeit vor unseren PCs zum Aufgebot.

Sie Es war eine Hochzeit wie bei einer Hochzeit, in meinem Window flackerte eine Kerze.

Er Ich hatte Myrte um meinen Joystick gebunden.

Sie Und angerührt weinte die Software … Ich hör noch seine Stimme: Wollen Sie mit dem nicht anwesenden Gottfried und so weiter bis dann der Tod uns scheidet, dann sprechen Sie nach dem Piep-Ton.

Er Dies Gefühl erleben: Vernetzt bis ans Lebensende.

Sie Bis dass eine defekte Festplatte uns scheidet.

Er Von der Diskette erklang die Nussknackersuite.

Sie Er tippte zart die Worte ins Display: Teure Geliebte …

Er Ich grüß dich aus dem Billiglohnland.

Sie Und ich achttausend Kilometer von ihm entfernt – meine Hand zitterte an meiner Maus. Weißt du, was du mir versprachst im Übermut?

Er »Wenn ich den Nussknackerdumpingzuschlag erhalte, mach ich dir am PC ein Kind.« Wir wollten es im Internetspeicher bearbeiten.

Sie Du wünschtest dir so sehr einen Jungen.

Er Würds ein Mädchen, hätt ichs löschen können.

Sie Wir haben uns nie wieder so tief in die Augen gesehen.

Er Wir haben uns nie wieder in die Augen gesehen.

Sie Wir haben uns nie wieder gesehen.

Niemand hat die Absicht, SPD-Vorsitzender zu werden

Ein Liebhaber der alten Tante SPD redet sichs mal von der Seele

Ich weiß gar nicht, ob ich es gestehen soll: Ich habe die SPD gewählt. Warum nicht, werden Sie vielleicht fragen, in der Urne liegt sie ja schon. Einst sind die Dinos ausgestorben, später die karibische Spitzmaus, jetzt ist halt die SPD dran.

Aber tragisch ist für unsereins so ein Untergang schon. Ich habe immer die SPD gewählt, seit ich die SPD hier im Osten wählen kann. Wissen Sie: Ich wollte nämlich immer in eine Arbeiterpartei. Als Arbeiter. Vor vierzig Jahren, da wollte ich in die SED, weil ich dachte: Sozialistische Arbeiterpartei – klingt gar nicht übel. Aber die haben mich damals gar nicht genommen. Weil mein Vater in der NSDAP war. Weil: mein Vater, der hat wahrscheinlich gedacht: Nationalsozialistische Arbeiterpartei – da gehörst du doch rein. Als Arbeiter. Und was kam am Ende? Das Ende! Aber SED, dachte ich, die wollte doch alles besser machen: Brüder zur Sonne, zur Freiheit … Gut, später wusste ich: Mit der Freiheit wird das nichts – eher kauft sich der Papst ein Doppelbett. Jedenfalls: Als die mich endlich in der SED aufnahmen, ging die unter. Weg war sie. Gut, dacht ich, gehst du halt jetzt in die SPD, das ist ja auch eine Arbeiterpartei. Aber die haben mich gar nicht genommen! Weil ich in der SED war, obwohl die mich in der SED gar nicht wollten, weil mein Vater in der NSDAP war.

Jetzt will mich die SPD haben, aber keiner will mehr die SPD haben. In den Umfragen liegt sie bei einer Prozentzahl, die niedriger ist als die von Bockbier. Ich befürchte: Ich trete in die SPD ein, aber die SPD gibt es nicht mehr. Seit ich die SPD wähle, wechselte sie die Vorsitzenden schneller als Boris Becker die Frauen. Und nun will es keiner machen. Wer will sich schon mobben lassen? Engholm stolperte über Barschel, Scharping über die Gräfin, Lafontaine floh vor Schröder, Schröder floh nach Russland, Beck wurde gemobbt, die Nahles mobbte den Müntefering und der Gabriel den Schulz und nun alle zusammen die Nahles.

Ich würde es auch nicht machen, ich sag schon mal vorsichtshalber ab, obwohl sie mich gar nicht gefragt haben.

Gut, ich würde zur Not Bundespräsident werden. Meinetwegen. Als Bundespräsident mal den Maharadscha von Tschomolungma empfangen oder eine Fähre mit einer Sektflasche einweihen, o. k. Aber SPD-Vorsitzender? Die CDU züchtet sich wenigstens im Reagenzglas ihren Philipp Amthor als jungen Revoluzzer. Und der wird, wenn seinem Munde das Mittelalter entfleucht, von den eigenen Leuten nicht so kleingehackt wie der Kevin Kühnert, dem das Unheilswort vom demokratischen Sozialismus entglitten ist, das zwar als Ziel im SPD-Parteiprogramm steht, aber trotzdem hat das die alten Herren von Erzengel Gabriel bis Steinbrück fast zum Herzkasper gebracht.

Müntefering verteidigte bei Lanz Schröders Agenda. Die wurde damals vom Geldadel der Wirtschaft bejubelt, die Immobilienhaie und Lobbyisten rieben sich vor Freude über die Deregulierung der Finanzmärkte die Hände. Die SPD hat vor hundert Jahren auf Arbeiter schießen lassen, und nun war diese Agenda 10 für all die Krankenschwestern und Handwerker, die Busfahrer und Wohnungsbauer, die kleinen Angestellten und Facharbeiter und all die Niedriglohn- und Hartz-Vier-Empfänger wieder ein Schuss ins Herz.

Die SPD tut mir leid, jetzt, wo sie nur noch zwei Möglichkeiten hat: Selbstmord oder Suizid.

Ich hätte ja da ein Parteiprogramm, das diese Einmalhinundeinmalher-Partei aus der Urne ziehen würde: Angestellte werden am in den Konzernen erarbeiteten Gewinn beteiligt, Kleinsparer nicht länger enteignet, und wer den im Grundgesetz verankerten Grundsatz Eigentum verpflichtet nur zur Anhäufung eigener Millionen anwendet statt für das Allgemeinwohl, wird enteignet, eine Vermögensobergrenze in Höhe von 20 Millionen verhindert die über alle Ufer laufende Anhäufung von Privatkapital, und die Partei fordert nach dem Vorbild von Willy Brandt mehr Demokratie durch direkte Volksentscheide.

Aber mich fragt ja keiner. Was soll ich nun als Wähler in meinem Alter machen? Ich kann ja die SPD erst wieder in vier Jahren wählen. Und da lieg ich vielleicht schon in der Urne. Oder die SPD. Und es wäre doch schade um uns beide.

1993. Es schien nach dem Mauerfall zwischen Ost und West Liebe auf den ersten Blick zu sein. Aber auf den zweiten sieht man besser.

Einheit spaltet

obwohl uns die Spaltung vorher geeint hat.

Die Ostdeutschen und die Westdeutschen lieben sich nicht so, wie sie sollen. Sie stiegen gemeinsam ins Bett, und im Sektrausch gelang ihnen eine von Lustschreien (»Wahnsinn!«) begleitete Umarmung. Das Vorspiel war der Höhepunkt. Aber das Nachspiel ist der Gipfel. Was man bei Grenzöffnung für freudige Orgasmusschreie hielt, verwandelte sich schnell in lautes Stöhnen.

Ich kann dies Jammern der Ostdeutschen über den arroganten Westdeutschen nicht mehr hören. Mit welchem Recht verlangen wir von einem Fremden, dass er uns lieben soll? Warum soll ein Arzt in der Schwarzwaldklinik einen Blinddarm in Vorpommern umarmen, bloß weil dem der Wurmfortsatz juckt? Dieser Arzt braucht für sein Glück vielleicht ein Schwarzwaldmädel oder eine Schwarzwaldtorte – ein ostdeutsches Ampelmännchen braucht er nicht. Von einem Einmal-und-nie-wieder-Trip in die Zone blieb ihm die Erinnerung an zwei finstere Zöllner und finstere Straßen und Dreck, Dreck, Dreck. Nein, dieser Arzt ist nicht auf die Straße gegangen, um die Ossilanten in sein geschniegeltes Reich zu rufen, und kein Kanzler hat ihn gefragt, ob er mit den verlorenen Brüdern und Schwestern Inzucht treiben will. Und jetzt wird er zur Solidarität zwangsverpflichtet, jetzt soll er seine in vierzig Jahren erschuftete Million anknabbern, um

137

sich dann ansehen zu müssen, wie sich die von Armut dünnen Ossis in dicke Westautos zwängen und ihn auf der Autobahn rechts überholen. Der Mann kennt Miami und Sacramento und den Strand von Hawaii – soll er da Sehnsucht haben nach einem Abenteuerurlaub im Naherholungsgebiet Bitterfeld?

Nein, er kennt uns nicht, und er hat keinen Grund, uns kennenzulernen. Er ist der Sieger. Da kann er nichts dafür.

Wenn Sie das arrogant nennen, dann bitte ich Sie, sich vorzustellen, die Polen in Schlesien hätten mit dem Ruf »Wir sind deutsch!« den Beitritt zur DDR erzwungen, und sie hätten uns überfallen mit ihrem Gebettle um ein paar Alu-Chips als Begrüßungsgeld, und sie hätten sich die Einkaufswagen vollgepackt mit unserem guten Spee und unsrem guten Radeberger, und jeder von uns hätte sieben Prozent Oder-Neiße-Friedenszuschlag zahlen müssen – wir hätten die Beigetretenen bald verflucht: Ihr Polacken, lernt erst einmal richtig arbeiten!

Aber den Polen geht es besser als uns: Sie haben keinen reichen Onkel, von dem sie sich in die Arme nehmen lassen müssen. Sie müssen sich selbst helfen. Das bekommt dem Wohlstand schlecht, aber der Würde gut.

1990 treffen sich die ostdeutsche Polly und der westdeutsche Mackie Messer in einer

Zweigroschenoper

um sich unterm Mond eine Liebe ohne Vorurteile zu gestehen.

Er Siehst du den Einheitsmond über Deutschland?

Sie Ich sehe ihn, Geliebter! Fühlst du, dass er jetzt uns beiden leuchtet?

Er Ich fühle es, Geliebte.

Sie Wo er leuchtet, da will auch ich leuchten.

ER Und wo er untergeht, da will auch ich untergehn.

Sie Ach, alle Wessis halten mich für eine Bettlertochter, Mac.

Er Ach, alle Ossis halten mich für einen Haifisch, Polly!

Sie Ich nicht, Mac. Ich bin kein Besserossi.

Er Ich hab dir auch was mitgebracht. *gibt ihr eine Banane*

Sie Du sollst mir nicht immer so viel schenken, Mac.

Er Ich teile gern, Geliebte.

Sie Du bist so solidarisch, Geliebter.

Er Lass mich nicht nur geben. Lass mich auch vergeben, Polly, du musst dich deiner Vergangenheit nicht schämen!

Sie Danke, Mac. Ich verzeih dir auch, dass du vierzig Jahre in der Bundesrepublik gelebt hast!

Er Nein, nein! Das kann ich nicht so leicht verdrängen! Jahrzehnte in einer Gesellschaft der Schleimer, Arschkriecher und Heuchler.

Birgit Schaller als Polly und Manfred Breschke als Mackie Messer in der Szene »Deutschland ein Liebesmärchen« 1992

Sie Aber, Mac, du warst doch nie so ein Lump wie der Globke oder so korrupt wie der Flick. Nicht alle von euch drüben waren Schweine.

Er Aber Jahrzehnte die CDU-Herrschaft geduldet, Parteiendiktatur und Machtmissbrauch – Polly, das muss ich mir heut vorwerfen!

Sie Mac, weine nicht. Auch die SED hatte nicht immer recht.

Er Beschönige nichts, Geliebte! Ich bin nicht wie du auf die Straße gegangen. Ich hab den Kohl nicht verjagt.

Sie Gräm dich nicht, Mac. Ich hab den Kohl auch nicht verjagt.

Er Ich hab einfach auf der falschen Seite gestanden.

Sie Übertreib nicht. Im Westen war nicht alles schlecht. Ich dagegen von der Kinderkrippe an zwangskollektiviert. Immer auf Befehl aufs Töpfchen. Immer müssen, ob man musste oder nicht. Ehrlich, Mac, einfach aufstehen und sagen: »Ich mach die Scheiße nicht mehr mit.«

Er Du hast viel durchgemacht.

Sie Aber ich war zu feige. Ich vergebe dir.

Er Ich vergebe dir auch.

Sie Dann ist ja alles gut, Mac.

Er Wir wollen doch nur Liebe voneinander.

Sie Komm. Lass uns gegenseitig das letzte Hemd ausziehen.

Sie Ich ging mit dem Miststück zum Standesamt, statt ihn zu opfern auf dem Altar.

Er Sie dankt nicht mal, dass von mir ihr Brautkleid stammt.

Sie Der klaut mir die Myrte vom Haar.

Beide   Wir steigen gemeinsam ins großdeutsche Bett und schauen uns nicht ins Gesicht.
Auch wenns uns schaudert bei jedem Verkehr –
Wir tun unsre Ehepflicht.
Sie sinken nieder. Der Mond geht unter

2019. Ein Sachse (2) und ein westdeutscher Journalist (1) haben ein

Recht auf Zweiheit

bei aller Einigkeit
(frei nach Original-Argumenten 30 Jahre nach dem Mauerfall)

1 Guten Tag. Lassen Sie mich rein?

2 Wir haben euch doch schon nach dem Mauerfall reingelassen. Damit ihr uns berichten könnt, wie wir gelebt haben.

1 Umgekehrt. Wir haben euch reingelassen und euch die Freiheit geschenkt. Damit ihr jetzt in Sachsen die AfD wählen könnt.

2 Aha. Wer hat denn 89 die Revolution gemacht. Wir!

1 Sie? Dass ich nicht lache! Ihr habt doch damals eure Würde auf den Wühltischen von Hertie verloren, um eure Dederon-Beutel vollzustopfen mit Henkell trocken und Hackle feucht. Grad ihr aus dem Tal der Ahnungslosen habt doch unsere Beate-Uhse-Läden überfallen.

2 Weil wir dachten, man könne mit einem Vibrator Westsender reinkriegen! Ja, so bleede habt ihr uns doch laufend dargestellt.

1 Wir?

2 Und nicht wir haben euch überfallen, sondern ihr uns mit eurem Landraub. Das gesamte ostdeutsche Grundbuch ist heute eine einzige Westsidestory.

1 Ihr wolltet doch schon damals keine Demokratie, ihr wolltet unser Geld. Ihr habt »Helmut! Helmut« gelallt, als der Kohl euch blühende Landschaften

Jürgen Stegmann und Hannes Sell spielen im Programm »Freibier wird teurer« die Szene »Recht auf Zweiheit«

versprach, und dann habt ihr ihn mit Eiern
beworfen.

2 Ich?

1 Genauso mit der Merkel: Erst habt ihr sie uns auf-
gehalst.

2 Aus Rache.

1 Und dann schreien: Die Merkel muss weg.

2 So sind mir Sachsen: heemdiggsch.

1 Ihr heult bis heute, dass ihr nicht so viel habt wie
wir. *parodiert* Ihr gebt uns nicht genug! Ihr behandelt uns als Menschen zweiter Klasse! Mit eurer
Weinerlichkeit trampelt ihr auf denen rum, die gar
nichts haben. Wenn ein Kriegsflüchtling an eure
Tür klopft, kriegt ihr Angst, er könnte euch eine
Rosine aus eurem Dresdner Stollen klauen.

2 Ihr seid ja bloß neidisch, weil ihr das Rezept ni
kennt.

1 Ihr habt's doch auch bloß von den Russen!

2 Wussten Sie eigentlich: Bis heute sind über neunzig Prozent aller Spitzenpositionen in Politik und Wirtschaft im Osten mit Leuten aus der alten BRD besetzt. *zu Zuschauern* Wissen Sie eigentlich, dass alle Autobahnen, die westdeutsche Firmen durch unsren Osten gezogen habt, neu gebaut werden müssen? Wussten Sie das? Weil eure Klugscheißer den falschen Sand benutzt haben! Weil sie nicht auf den DDR-Experten hörten, der davor warnte! Weil wir in euren Augen immer schon so ein Gemisch waren aus Spreewaldgurken und Pittiplatsch!

1 Das müsst ihr ja jetzt nicht jeden Montag in Dresden bei Pegida beweisen!

2 Jetzt hör mir mal zu! Da gabs kürzlich eine Sendung zum Thema: Die Nazis sitzen nun zum ersten Mal im Bundestag. Weil wir im Osten die AfD gewählt haben. Habt ihr Alzheimer?

1 Wir?

2 Unsre Nazis die ersten im Bundestag? Höre droff! Habt ihr vergessen, dass bei euch der ganze Nachkriegswesten mit Nazis durchsetzt war? Justiz, BND, bis in den Bundestag. Bist du dagegen auf die Straße gegangen?

1 Ich?

2 Mitläufer!

1 Bist du 61 gegen Mauerbau oder gegen SS-20-Raketen auf die Straße gegangen?

2 Ich?

1 Mitläufer!

12 *umarmen sich* Siehst du, wir haben so viele Gemeinsamkeiten.

*Volksverblödung ist staatstragend. Wenn wir ein Volk
von Schwachköpfen werden, empfinden wir Unter-
haltungsfolter nicht mehr als Schmerz, sondern als
Scherz. Dann können sie uns manipulieren, wie sie
wollen. Ich habe vor zehn Jahren begonnen, meine Er-
fahrungen aus Tausenden Fernsehstunden in einem
klassischen Poem zusammenzufassen. Es ist mir ein
Bedürfnis, Ihnen beweisen zu dürfen, dass auch ich als
Kabarettautor die Sprache unserer großen deutschen
Dichter von Goethe bis Schaller beherrsche. Sie werden schon an der ersten Zeile die literarische Qualität
meines Werkes erkennen. Finden Sie erst mal einen so
großartigen Reim auf Eise.*

Osterspaziergang

2014

Von Scheiße befreit sind Strom und Bäche.
Doch die staut sich dafür in allen Kanälen,
ganz gleich, welchen Fernsehsender wir wählen:
Ob Bauer sucht Frau,
ob Ferkel sucht Sau,
ob vor Lachen eingepullert,
ob bei Serien eingelullert
mit Tränen vor Glück.
Der alte Goethe in seiner Schwäche
zog sich in raue Quiz-Shows zurück.
Von dorther sendet er beim Raten
ohnmächtige Schauer zum Kandidaten:
War Gretchen die Schwester von Hänsels Bruder
oder war sie ein faustdickes Teppichluder?
Auf des Raters Stirn Perlen ängstlichen Schweißes.
Aber denkst du etwa, der Kandidat weiß es?

Nein. Auch Jauch kann Bildung und Streben
in unserem Manne nicht wieder beleben.
Er erreicht 100 Euro mit Müh und Not.
In seinem Hirne die Zellen waren tot.
Und zur besten Einschaltstunde
quasseln die Ritter der Schwafelrunde.
Wer zuhört, der weiß – diese Runden ergebens:
Der Hirntod ist nicht das Ende des Lebens.
Und überall regt sich beim ZDF,
ein lust'ger Musikantentreff
mit den zwei Amigos im Liederwahn –
ein lohnendes Ziel für die Taliban.
Ein bisschen Spaß muss sein, ich weiß es.
Es nebelt die Nebel im Fernsehrevier.
Aber die Carmen duldet kein Weißes.
Sie nimmt Roberto Blanco dafür.
Kehre dich um von diesen Höhen
in das Fernsehtal zu sehen:
Aus der Röhre finsterem Tor
dringt ein hohles Gewimmel hervor:
Und da, ein Gespenst, o welch ein Graus!
Das ist Silbereisen, der sieht so aus.
Ich zappe und zappe. Da ruft eine Uschi,
lieber Mann: Ruf mich an, ich bin deine Muschi!
Dort gibt es noch Frauen, nach denen du gierst:
Im Denken gelüftet und am Blinddarm gepierct.
Und Heidi Klums Top-Models brauchen als Weib
einen magersüchtigen Leib –
so, als könntens wir Männer nur treiben,
wenn die Knochen richtig reiben.
Es ballern aus den Fernsehkisten
die Vergnügungsterroristen,

bis wir alle uns ergeben
unter ihrem Dauerschuss.
Nur der verdient den Schwachsinn sich im Leben,
der täglich ihn erobern muss.
Und bis zum Sinken überladen
kentert dort im Sturm ein Boot.
Doch uns kann keine Sintflut schaden:
Wir lachen uns schon vorher tot.
Und zwischen Gaudi, Jux und Sexgewimmel,
da liegt des Volkes wahrer Himmel.
Verblödet fragt sich Groß und Klein:
Bin ich noch Mensch? – Das kann nicht sein.

2019 merkte ich: Der Text ist ungerecht. Wenn wir nicht

Völlig verkalkt

sind und die Taste auf der Fernbedienung noch finden,
können wir umschalten. Wer freiwillig Tag für Tag RTL
guckt, muss sich nicht wundern, wenn er eines Tages kein
Brett mehr vor dem Kopf hat, sondern Bohlen.

Ich werde nicht verblödet. Ich verblöde mich. Ich lasse
mir vor dem Flachbildschirm mein Gehirn verflachen.
Das tut gut. Ich vergesse alle Euroängste und den dro-
henden Verlust meiner Spareinlagen, wenn ich die Bo-
toxbrüste der Katzenberger sehe. Botox, dieses gefähr-
lichste Nervengift, wie tief müssen die das bei dieser
Blondine gespritzt haben? Ich lasse mir das Hirn absau-
gen von debil grinsenden Tittenfachverkäuferinnen, die
mir mit ihrer nackten Dummheit aus den Privatkanälen
ins Gesicht springen.

Ich hörte in einer Talk-Runde mit Begeisterung einer Dschungelcampteilnehmerin zu, die den IQ eines Alpenveilchens hat. Mein Gehirn gleicht immer mehr dem einer Qualle: Quallen haben kein Gehirn, sie schwabbeln sich glitschig durchs Leben und denken dabei nicht an Börsencrash und Politikerlügen: Quallen sind glücklich dran. Sie fressen und vermehren sich. Mehr nicht. Das geht bei Menschen auch.

Wissen Sie, wie weit wir es gebracht haben? In einer Gebrauchsanweisung für einen Kinderwagen, den sich meine Tochter gekauft hat, stand: Kind vor dem Zusammenklappen entfernen! Das ist so, als würde sich Ihre Frau im Bett ein Warnschild umhängen: ACHTUNG! Kann bei unsachgemäßer Benutzung zum Kind führen!

Es macht so viel Spaß, sich verblöden zu lassen.

2004. Ich führe Gespräche im

Haus Seeblick

über den abwesenden Herrn von Schlück

Am ersten Urlaubstag schien die Sonne in Strömen, und der Abend malte einen Emil-Nolde-Himmel über das Meer. Aber schon am folgenden Tag schütteten die Wolken Wasser in die Strandkörbe, so dass uns nur das Doppelzimmer mit WC und Dusche mit seitlichem Meerblick Schutz bot. Der Wellnesskatalog versprach Verwöhnmomente für den gehobenen Herrn in Gestalt eines Bernsteinbades samt extravaganter Pflegebehandlung. Aber ich wollte weder in Bernsteinen baden noch ein extravaganter Pflegefall sein. Ich suchte Abwechslung im Café, in dem eine kellnernde Saisonkraft als einzig jugendliches Element inmitten heesteresker Urlauber ein auch in den folgenden Tagen fortgesetztes Quiz begann: Kommt der bestellte Kuchen erst, wenn der Kaffee kalt ist oder der Kaffee gar nicht und nur der Kuchen oder der Kaffee erst nach dreißig Minuten? Wie mein Tipp auch ausfiel, auf eins konnte ich mich verlassen: dass die Saisonkraft den Serviervorgang immer mit dem Wunsch abschloss: »Genießen Sie's!« Was immer ein bisschen klang wie: »Genießen Sie's gefälligst!«

B kam aus der Anti-Aging-Oase mit deutlich sichtbarem Liftingeffekt, und wo B war, war Small Talk nicht weit, sondern saß gegenüber in Gestalt von Frau von Schlück, deren leidvolle Vita wir zwischen »Genießen Sie's« und Tortenverzehr erfuhren. »Voriges Jahr in Mexiko war mein Mann noch mit, aber dann hatte er Blinddarm, und jetzt sieht er schlecht!« – »Mexiko, waren wir auch«, versuchte B das Gespräch aus der tragischen Zone zu holen, »interessant, die ganze Kultur der Maya.« Aber Frau Schlücks Gesicht blieb wolkig: »Und was ist davon geblieben?« B sagte: »Nur die Biene«, aber der Witz misslang. »Schrecklich«, sagte Frau Schlück, und nach einigem Schweigen sagte sie: »Wir sind 33 Jahre verheiratet, und es ist immer noch Liebe.« – »Schrecklich!«, dachte ich. »Trinken wir Wein«, schlug B vor. Was sonst tun bei dem Wetter? Das Hotel lud zum Urlauberschießen ein, aber ich schieße nicht gern. Auch nicht auf Urlauber. »Ich könnte da einen guten Wein anbieten«, sagte Herr Genießensies, »er ist äußerst luftig im Abgang.« – »Ja, aber erst einmal möchte ich ihn trinken«, sagte ich. »Auch Wein ist teurer geworden«, klagte Frau Schlück, »und überhaupt werden Lebensmittel teurer.« – »Sie sind an den Ölpreis gekoppelt.« Frau Schlück sah mich irritiert an. »Welche Lebensmittel haben denn was mit Öl zu tun?« – »Zum Beispiel Ölschinken.« Frau Schlück lachte kurz, verfiel aber gleich wieder in Wehmut: »Mein Mann sagt, er kann sich den Benzinpreis nicht mehr leisten, weil sein Mercedes so viel schluckt, aber er geht jetzt in die Suppenküche essen, ein Menü für dreifünfzig, da lernt er auch Hartz-Vier kennen, da gibt es ja anständige Leute drunter.« Wir tranken noch einen luftigen Abgang.

Ich ging mit B in den Regen, der aus der Dunkelheit fiel. Am Strand rollte uns weiße Gischt entgegen, über der ein Mond kitschig zwischen den Wolken hing. »Das Leben ist schön«, sagte ich zu B und glaubte zu hören, wie die Saisonkraft hinter uns sagte: »Genießen Sic's!«

Dass ich vor fünfzehn Jahren der Faulheit ein Lob zollte, hat mein Nachbar nie verstanden. Galt nicht einst der Deutsche als fleißig, ordentlich und sauber? Wo ist er denn jetzt hin, der deutsche Fleiß? Wir brauchten in Dresden dreizehn Jahre, um eine Brücke über die Elbe zu bauen. Die Chinesen hätten sie so schnell gebaut, da hätte sich die Elbe noch gar kein Flussbett gegraben! Sagt mein Nachbar. Er sagt: Die Chinesen nagen sich mit ihren gelben Zähnen wie Raupen ihre Seidenstraße lang. Bis zu uns. Weil sie uns alles abgekupfert haben. Auch den Fleiß. Und wer sitzt heute bei uns in den bequemen Regierungssesseln in Berlin? Faulenzer. Die müssten alle fliegen. Aber wie denn, wenn die nicht mal den Flugplatz hinkriegen. Sagt mein Nachbar. Ich schrieb 2004 ein

Lob der Faulheit

mit deutschem Fleiß

Vor zwei Jahren bewies der Hamburger Soziologe Dr. Roethe ganz wissenschaftlich, dass wir Ostdeutschen faul sind, dass wir lieber Frühstücksfernsehen gucken statt ranzuklotzen und uns von »westlichen Arbeitsleistungen verköstigen«. Ein empörter Aufschrei drang damals aus ostdeutschen Kehlen. Ich aber fühlte mich in meinem Hang zur Faulheit ertappt. Doch ich schämte mich nicht. Faulheit, so finde ich noch heute, ist eine wunderbare Eigenschaft. Faulheit ist die Mutter allen Fortschritts. Wer, bitte schön, hat denn zum Beispiel das Fahrrad erfunden? Garantiert einer, der zu faul zum Laufen war. Also: Ich hätte es nicht erfunden. Ich wäre zu faul dazu gewesen. Ich fahre auch nicht Fahrrad. Das ist mir zu anstrengend. Nun aber erklärt mir mein Kanzler, ich hätte kein Recht auf Faulheit. »Wer einen zumutbaren Job ablehnt, muss mit Sanktionen rechnen.« Das muss er mir nicht sagen! Nehmen wir mal an, ich wäre Probeschläfer in der Bettenabteilung bei Höffner. Ein Acht-Stunden-Tag also, bei dem man sich vom Schlafen nicht ausruhen kann. Das ist ein harter Job. Herr Kanzler, ich will Ihnen mal eine einfache Rechnung aufmachen: Deutschland hat zur Zeit vier Millionen Arbeitslose. Und sechs Millionen Beamte. Das sind schon elf Millionen, die keine Werte schaffen. Dazu kommen zwanzig Millionen Rentner und Vorruheständler, zwölf Millionen Kinder, Schüler und Studenten, acht Millionen Hausfrauen, knapp zwei Millionen, die in den Medien herumhocken, dann die Künstler und solches Volk, wo wir früher gesagt hätten: Geschwüre am Arsch der Arbeiterklasse!, und dann sind noch eine Million krank, weitere fünf Millionen gerade im Urlaub und zwei Millionen während der Arbeitszeit beim Frisör oder einkaufen. Deutschland hat 80 Millionen Einwohner und 90 Millionen davon arbeiten nicht! Das kann nicht gutgehen. Der Biergarten nebenan hat im Sommer geschlossen, weil der Kellner sein Recht auf Sommerurlaub eingeklagt hat. Der Wasserrohrbruch kann samstags nicht repariert werden, weil der Lehrling sich weigert, am Wochenende zu arbeiten, der Nachtwächter sucht vergeblich einen Nachfolger, weil keiner mehr nachts wachen will. Also machen wirs so, Herr Kanzler: Ich bleibe Probeschläfer in der Bettenabteilung. Ich schlafe probe, aber ich bleibe nicht mehr wach. Denn wie sagte schon die Dichterin Henriette Mahlsdorf? »Wir müssen alle unser Leben ändern. Für den Anfang reicht es, länger zu schlafen.« Gute Nacht.

Schneller rudern

1 2 3 rudern auf ihren Booten in die Zukunft

3 Wir rudern in die Zukunft.

1 Aber wir müssen schneller rudern.

2 Uns läuft die Zeit davon.

1 Wir haben nur dieses Leben.

2 Deshalb müssen wir schneller leben.

1 Wir müssen schneller rudern.

2 Die Tagesschau in 100 Sekunden.

3 Wenn da einer sagt
»Annegret Kramp-Karrenbauer«
ist die Hälfte der Zeit schon um.

1 Wir müssen schneller rudern.

2 Wir kaufen uns schnellere Autos, um im Stau länger steckenzubleiben.

1 Wir trennen uns von Handys und Computern, bevor sie den Geist aufgegeben haben.

3 Wir trennen uns von Ehepartnern, bevor sie den Geist aufgegeben haben.

1 Wir müssen schneller rudern.

2 Unser Ziel im Leben ist es, immer mehr zu besitzen.

3 Unser Ziel beim Essen ist es, immer dicker zu werden.

1 Sieben Millionen Tonnen Lebensmittel haben wir im vergangenen Jahr in Deutschland in den Müll geworfen.

2 Würden sich das die Obdachlosen aus den Mülltonnen kramen, sie wären fettleibig.

3 Wir müssen die Konjunktur ankurbeln, weil wir Wachstum brauchen.

1 Unsere neue Religion: Nach dem Christentum das Wachstum.

2 Der frohen Botschaft folgt die Kundschaft.

3 Du sollst leben nach Gottes Angeboten.

1 Gott ist ein Schnäppchen.

3 Wir haben alles. Aber alles ist nicht genug.

1 Wir müssen schneller rudern.

2 Früh Kaffee-to-go-Brühe zum Mitnehmen.

1 Abends Speed-Dating – Kennenlernen zum Mitnehmen.

3 Oder wenns noch schneller gehen soll: Amore to go. Von Ikea die Traumfrau zum Mitnehmen.

1 Da müssen Sie allerdings zu Hause die Einzelteile selber zusammenbauen.

2 Und da kann es passieren, dass bei der Frau ein paar Schrauben fehlen.

3 Ich habe 500 Freunde auf Facebook, aber keinen Freund.

1 Wir müssen schneller rudern.

2 Pausen sind verlorene Zeit.

3 Du musst lernen, die Zeit besser zu managen. Don't hurry, be happy.

1 Wir haben immer Stress.

2 Wenn wir keinen Stress hätten, wären wir krank.

3 Wer keinen Stress hat, ist ein Loser.

1 Um Burnout zu verhindern, brauchst du ab und zu ein Do-nothing-Wochenende zum Entschleunigen, ein Zeitlupenseminar in einem Business-Qigong-Kurs.

2 Die Zeiten sind ruhelos.

3 Wir sparen immer mehr Zeit und haben immer
weniger.
1 Wir müssen schneller rudern.
2 Die Urmenschen hatten noch Zeit.
3 Die Urmenschen waren halt noch keine Uhrmen-
schen.
1 Und wenn wir auf die Uhr schauen merken wir:
2 Wir müssen schneller rudern.

Es war mal ein alter Mann mit seiner Frau

1978

Es war mal ein Alter mit seiner Frau.
Ich sah sie nie streiten, sah sie nie allein.
Das lag wohl daran: sie wussten genau,
jeder Tag kann der letzte gemeinsame sein.
Sie konnt' zwar schlecht sehen –
er führte sie halt.
Er konnte schlecht gehen,
doch bei ihr fand er Halt.
So mussten sie beide, um glücklich zu leben,
dem andren ein Stückchen vom Eigenen geben.

Zwei Kriege – sonst niemals auf Reisen, wer weiß.
Heimat verloren und Heimat erworben.
Am Leben geblieben und dafür als Preis
auf Flucht und in Kellern viel Tode gestorben.
Sie sind noch, wenn heut
die Sirene sie weckt,
zwei ängstliche Leut,
aus den Träumen geschreckt,
und stelln zur Gewissheit das Radio an,
aus Angst, dass die Erde in Flammen stehn kann.

Inmitten von Hektik und Großstadtverkehr
stehn sie Hand in Hand, belächelt, bedrängt,
als gehöre es sich mit siebzig nicht mehr,

dass man noch an Liebe und Zärtlichkeit denkt.
Durch Lärm und durch Lichter
kaum vor und zurück.
Verbissene Gesichter
auf Suche nach Glück.
Und die beiden Alten stehn einsam zu zweit
wie eine vergessene Vergangenheit.

Du kennst sie nicht. Doch du erinnerst dich bleich:
du hast sie schon einmal gesehen, die zwei.
Im Fahrstuhl? Im Konsum? Wo war es doch gleich?
Ein flüchtiger Blick, vergessen, vorbei.
Sie wohnen bei dir
nebenan im Haus,
von deiner Tür
zwei Schritt geradeaus.
Ob sie noch leben, weißt du nicht genau.
Es war mal ein Alter mit seiner Frau.

Seit sich mit dem Mauerfall die Grenzen öffneten, jagt mich B um die Welt, und es ist vorbei mit der provinziellen Gemütlichkeit. Wir eroberten die Welt schneller als einst die deutschen Tiefflieger. B schenkte mir eine Reise nach Paris. Im Bus. Hin und zurück. An einem Tag. So fing es an. Seitdem muss ich auf

Seniorensafari

Offene Bekenntnisse eines bejahrten Weltenbummlers

Weltenbummler ist das treffende Wort für mich. Wohin in die Welt mich B auch zerrt, dünenaufwärts oder inselabwärts – ich bummle. Schneller gehts in meinem Alter nicht mehr.

Es gehört ja heute zum Bild von Seniorenfitness, dass sich ganze Rentnerhorden auf den Kilimandscharo quälen, auch wenn sie dann dank Sauerstoffkollaps auf der anderen Seite scheintot herunterkullern. Oder dass hüftlädierter Mummenschanz tausendfach aus Kreuzfahrthochhausriesen zum Stadtgang humpelt. Nun gehöre ich zu jenen, die lieber durch ihr trautes Heim schreiten statt in die untraute Ferne. Aber es gibt ja Männer, die trauter Liebe wegen die Niagarafälle hochklettern, und da ich B einst Treue in guten und in schlechten Zeiten geschworen hatte (nicht ahnend, dass sie mitunter für gute Zeiten hält, was für mich schlechte sind), sollte ich ihr dieses Jahr mit Freuden ins Land der Moskitos und Tsetsefliegen folgen.

Ich bin ein ängstlicher Mensch. Die Sicherheitshinweise des Auswärtigen Amtes ließen nichts Gutes befürchten, denn sie lasen sich mit ihren Warnungen vor Malaria, Schlafkrankheit, todbringenden Skorpionen und geldentreißenden Banden wie ein Science-Fiction-Krimi. Zumal mir eine Kollegin von einer Entführung in südamerikanischen Mangrovensümpfen berichtet hatte und ich froh war bei der Auskunft eines Experten, dass es in der afrikanischen Steppe keine Mangrovensümpfe gäbe, wohl aber vereinzelt Überfälle ohne Mangroven.

Ich begann vier Wochen vor der Reise mit Kofferpacken, besorgte mir durch Aktionen bei allen mir bekannten Ärzten alle erforderlichen Medikamente für und gegen Magen, Darm, Lunge, Blase und Herz und stellte bei dieser Gelegenheit fest, dass der Mensch zu viele Organe hat, um sich ganzkörperlich schützen zu können.

Der Koffer war von Heilmitteln schon gefüllt, ich konnte gerade noch eine Wechselhose hineinknautschen, aber eines möglichen Kofferklaus wegen brauchte ich ja auch noch Ersatzmedikamente in gleicher Menge und dafür einen zweiten Koffer. Ich hätte eigentlich auch noch ein Hörgerät benötigt, denn ich spreche schlecht englisch, und würde ich besser englisch sprechen, würde ich es schlecht verstehen, weil ich schlecht höre, und könnte ich besser hören, könnt ich trotz Hörrohr ohne Brille schlecht sehen, wenn ich auf der Reise meine Brille verlöre, weshalb ich auch noch eine Ersatzbrille brauchte.

Zu allem Entsetzen hatte ich in einem Reiseführer gelesen, dass die Massai gelegentlich blonde Frauen gegen zehn Kühe tauschen, was mich in meinem Fall aber beruhigte, denn ich würde zu Hause in meinem Vierzehnquadratmeter-Wohnzimmer zehn Kühe nicht unterkriegen.

Auch stand geschrieben, dass jährlich in der Welt über tausend Menschen durch Schlangenbisse sterben. Ich erkundigte mich, ob es zwecks Abwendung dieser Gefahr eine Antisnakeseinheit gebe, die Brillenschlangen die Brillen abnimmt, damit sie als ungefährliche Blindschleichen tatunfähig werden. Aber ich erhielt keine Antwort von den Geheimdiensten, stattdessen aber noch eine Warnung vor Steinschlag in den keniatischen Felsgebieten, wogegen mir aber meine Apotheke kein Mittel verschrieb, weil es das offensichtlich nur für Privatpatienten gab.

Der Flug fiel wegen eines Feuers auf Nairobis Flughafen aus, und ich bin jetzt dabei, meinen Keller auszubauen, um Medikamentenstapel, Zusatzkoffer und all meine Reiseängste zu verstauen bis zur nächsten Reise. Die geht zehn Kilometer ins Elbsandsteingebirge.

Anleitung zur aktuellen Ungehörigkeit

Ich suchte 2004 einen Dummen

Nennen Sie mir doch einmal eine Eigenschaft, die Ihnen wichtig ist. Sie sind ehrlich? Sehen Sie: Schon sind Sie der Dumme.

Haben Sie sich schon mal gefragt, warum Sie nicht zu denen gehören, die Millionen kassieren? Arcandor-Chef Middelhoff fuhr seinen Konzern mit 746 Millionen in die Pleite und erhielt dafür zum Abschied drei Millionen Boni. Hypo-Exchef Funke ruinierte seine Bank und erhält dafür 560 Tausend Pension jährlich. Und jetzt frag ich Sie: Wann haben Sie das letzte Mal Ihre Bank ruiniert? Gut, Sie haben vielleicht schon mal Ihr Konto überzogen. Da machen Sie etwas falsch! Sie müssen nicht sich ruinieren, sondern andere! Sie müssen noch viel lernen.

Hören Sie auf mit Ihrem »Ich bin ehrlich«! Sie haben wirklich noch nie den Sozialstaat betrogen? Da kann Sie nur die eigene Unzurechnungsfähigkeit daran gehindert haben. Natürlich gibt es Leute, die sind zu allem zu blöd. Auch zum Betrügen. Sie wollen nicht der Dumme sein. Aber der Blöde doch erst recht nicht, oder? Nicht wenigstens einmal schwarzgefahren? Oder mal ein paar Stunden Schwarzarbeit? Oder ein paar Zigaretten über die Grenze geschmuggelt? Sie haben noch nie die eigene Frau als außerordentliche Belastung von der Steuer abgesetzt? Ich weiß: Da sind Sie als Ostdeutscher in besonderem Maße gehandicapt. Es ist noch gar nicht so lange her, da hatten Sie von der

Börse keine Ahnung und haben den Dow Jones für den Sänger von Sex Bomb gehalten. Da wird es nun Zeit, dass Sie in der sozialen Marktwirtschaft die Regeln der unsozialen Machtwirtschaft lernen.

Erstens: Jeder nimmt, was ihm nicht gehört. Zweitens: Jeder behält, was er geben sollte.

Ab sofort sollte es an den Schulen das Fach Asozialkunde geben, damit Ihre Kinder nicht wie bisher an der Waldorfschule lebensfremd dahindümpeln müssen, sondern lernen, wie man krumme Geschäfte auf geradem Weg abwickelt, Bilanzen fälscht und Raffen als erste Bürgerpflicht empfindet. In einem Staat, wo angeblich alle die gleichen Chancen haben sollen, darf es doch nicht angehen, dass das Fach »Betrügen« nur den Eliteschulen vorbehalten bleibt. Damit Ihr Kind im Erwachsenenalter trotz aller Betrügereien in keiner Gerichtsakte auftaucht, sondern in der Liste der Ordensträger. Oder soll es Ihrem Kind mal so gehen wie jenem Hartz-IV-Empfänger, der die Kostenübernahme für seine Zahnbehandlung beantragt, daraufhin vom Sozialamt vorgeladen wird und öffentlich beweisen muss, dass er seine Zähne richtig putzen kann?

Fangen Sie mit dem Betrügen klein an. Dann schaffen Sie's auch mal ins große Geschäft!

PS: Die Kosten für meine Lektion überweisen Sie bitte auf mein Konto.

Geld stinkt nicht

1995

Chor:
> Kapital, Kapital, du hast immer recht,
> denn du bist unsre einzige Idee.
> Wir verteidigen dich bis zum letzten Gefecht.
> Dein Prophet ist der heilige Bankier.
> Wer das Geld nicht vermehrt,
> der ist dumm oder schlecht.
> Nur wer Money verehrt,
> der hat immer recht.
> Wer es einmal genossen, dem bleibt nur die Wahl:
> Kapital! Kapital! Kapital!

Ein Millionär:
Also nicht, dass ich mich als Millionär umbrächte, wenn es an mein Geld gänge. Wenn ein Weltveränderer durchsetzen söllte, dass 50 Prozent von meinem Ersparten in die Entschuldung der Dritten Welt flössen – meine Steuerberater haben mir mal ausgerechnet, was mir dann noch blübe. Nicht, dass ich die Summe verraten wöllte, noch gilt ja das Bankgeheimnis. Aber nähmen wir mal an, 50 Prozent sei rund die Hälfte, dann sind 100 Prozent genau circa 258 Millionen 106 Tausend 366 Mark 13 Pfennige – sehen Sie, und 13 wäre ja schon gar nicht durch 2 teilbar. Überleben könnte ich ja nötfalls von diesem Rest von rund 130 Millionen noch, wenn ich mich persönlich etwas einschränkte. Böte das doch auch die Chance, sich mit den Armen im

Einschränken solidarisch zu fühlen. Mich könnt also Transparenz nicht schrecken, wenn es nicht das Kapital schreckte. Kapital ist scheu wie ein Reh. Es flüchtet, wenn es sich beobachtet fühlt. Doch wohin söllte es flüchten, wenn künftig selbst in Luxemburg die Späher das Kapital frägten: Wohin des Wegs? Woher kommst du? Und wohin gehst du? Kapital fühlt sich nur auf der Flucht geborgen, und was wäre das für eine Kapitalflucht, wenn am geheimen Fluchtweg das Volk am Fernglas ständ und wünkte. Oder könnt in der Schweiz jedes Bübli jedes Nummernköntli frägen: Grüß Gott, wie ist dein Name, liebes Nümmerli? Das Kapital flöh aus der Bank. Doch Banken ohne Kapital, dies wär wie ein Bordell ohne Nütten. Böten wir kein Asyl mehr dem großen Geld, es blübe obdachlos und tät im Rinnstein enden. Wie der Asylant: Ungewaschen – da stönk selbst Geld!

Chor:
    Wer das Geld nicht vermehrt,
    der ist dumm oder schlecht.
    Wer mit Money verkehrt,
    der hat immer recht –
    ob von vorn oder hinten, oral und anal:
    Kapital! Kapital! Kapital!

Arm dran

sind?

Geht es Ihnen nicht auch auf den Senkel, dieses ewige Klagen, dass die Reichen immer reicher und die Armen immer ärmer werden?

Wollen Sie denn unbedingt reich sein? Wollen Sie etwa so leiden wie die Karstadt-Erbin Schickedanz? Wollen Sie auch Millionen verlieren? Und dann nach der Pleite von fünfhundert Euro im Monat leben! »Wir kaufen auch beim Discounter«, hat sie geweint, »Obst und Kräuter haben wir im Garten.«

Wollen Sie so leben? Von ihren Kräutern im Garten? Hast du einen Kleingarten, Christian? Ich sag dir: Sei zufrieden mit deinem bescheidenen Kleingarten-Luxus samt Plumsklo. Was glaubst du, wonach sich so ein Millionär sehnt, wenn er auf seiner blattgoldüberzogenen Alabasterbrille von Armani sitzt und die Nagelbrettstimme von Tom Waits aus der Hifi-Anlage von Bang & Olufsen hört, die Hosen von Gucci heruntergezogen bis über die Schuhe von Bellucci – weißt du, wovon er da träumt, Christian? Von deinem Kleingarten-Plumsklo! Von diesem einfachen Leben fern vom Elend der Hochfinanz.

Während sich die Arbeitslosen in der sozialen Hängematte sonnen, bringen sich millionenschwere Manager und Banker mit ihrem täglichen Erfolgsdruck in psychovegetative Erschöpfungszustände. Folge: Kaffee, Zigaretten, Alkohol. Folge: Herzbeschwerden. Dagegen nimmt er Betablocker. Von denen kriegt er

Erektionsstörungen. Die bekämpft er mit Viagra. Davon kriegt er Herzbeschwerden. Folge: Erschöpfung. Er geht zur Gruppentherapie, lernt auf Glasscherben balancieren, bis sein Herz rast vor Glück. Folge: Betablocker. Folge: Erektionsstörungen. Folge: Versagensängste. Die bekämpft er mit Kaffee, Zigaretten, Alkohol. Er muss sich mit Frischzellen und Wachstumspräparaten vollpumpen, damit er dank Testosteron, Melatonin und Serotonin noch ein paar Jahre auf der Fettbrühe mitschwimmen kann, bis er ausgelaugt nach einem Kreislaufkollaps auf einem kalten gefliesten Tisch endet, um dem Pathologen seine letzten Worte entgegenzuhauchen: Ich hab viel Geld verdient!

Möchtest du so leben? Immer im Dauerstress? Jede Woche einmal zum Seelenklempner auf die Couch? Und anschließend Treff mit der Männergruppe, um zur Beruhigung der Nerven aus Ton deinen Schniedel zu töpfern?

Ich möchte kein Millionär sein.

2017. B hatte sich Urlaub auf der deutschen Schönen Insel gewünscht. Es war das Jahr mit dem

Hitzehundstagesommersonnenferienwetter

denn:

Der Sommer war sehr groß. Auf den Sonnenuhren lag gefallenes Laub. Die Wasserwerfer der Polizei fuhren die Straße entlang und wässerten die jungen Alleebäume. Der Polizist winkte und freute sich über den nützlichen Einsatz. Hitze könnte Frieden retten: Bomberpiloten verteilen Eisbomben. Attentäter sprengen den durstigen Rasen. Salafisten haben es gut: Sie werden beschattet.

Das Thermometer zeigte fast vierzig Grad. B war verunsichert, ob sie bei diesen Temperaturen die Dreißig-Grad-Wäsche aufhängen darf. Vor der Tür lag der Urlaub. Wir starteten zeitig. Auf den Autobahnen schlossen die Baustellen mit Ferienbeginn pünktlich die Spuren.

B hatte sich ein paar Tage auf der Schönen Insel gewünscht. Als wir vor der Tiefgarage standen, sagte ich zu B: Jetzt beginnt der Urlaub. Ja, sagte B, jetzt lassen wir die Seelen baumeln.

Ich stieg aus und übergab B den Fahrersitz, weil sie entgegen aller Forschungsergebnisse als Frau besser einparken kann, was ich ihr mit ein paar Winkbewegungen erleichtern wollte. Aber B rief: Hüpfe nicht rum wie Rumpelstilzchen, bei mir piept es, wenn ich der Säule zu nahe komme. Ich drehte mich des abgelehnten Hilfsangebots wegen beleidigt weg und hörte nur ein kurzes Blechkratzen. Es ist nur der Spiegel, versuchte ich B zu beruhigen. Aber ihre Seele baumelte noch nicht: Weil du mich abgelenkt hast mit deinem Knallfroschgehüpfe. Ich sagte: Jetzt beginnt der Urlaub.

Wir hatten auf der Schönen Insel ein Viersterne-hotel gebucht: Terrasse mit Meerblick. Das Luxuszimmer lag parterre, und vor dem Fenster parkten in drei Reihen Luxusautos, hinter denen sich in Kilometerentfernung das Meer erahnen ließ. Die Nacht legte langsam ihr Gesicht auf die Schöne Insel. B zog die Rollos herunter und sagte: Jetzt machen wir es uns schön. Ja, sagte ich, mach mal den Fernseher an. Tatort: Polizisten schlugen mit Schlagstöcken auf Schwarzvermummte ein, Schwarzvermummte schlugen auf Polizisten ein. Es war kein Tatort. Es war eine Sondersendung vom Gipfel in Hamburg.

Freude schöner Götterfunken sang der Chor in der Philharmonie, und Frau Merkel und Herr Trump klatschten friedlich.

B fragte: Wollen wir kurz in die Hotelbar, damit es schön wird? Na schön, sagte ich.

Am Bartresen hing ein pomadenhaarwelliger Blondi am Handy und ließ alle Bargäste laut wissen, dass er einen vom Film kennt, der einen vom Film kennt.

Sie kommen aus Dresden?, fragte uns der schwarze Baarkeeper, ich kenne Dresden nur aus dem Fernsehen, wo sie Absaufen! Absaufen! brüllen. Ich versuchte eine Verteidigung: Wo liegt der Unterschied, wenn Seehofer und Söder Schiffe, die Absaufende retten, Shuttleservice nennen und Abschiebetourismus?

B trat mir auf den Fuß und lächelte den Barkeeper eine Spur zu freundlich an: Es ist schön auf der Schönen Insel. Der Barkeeper fragte mich: Einen Whisky? Ja, sagte ich, einen alkoholfreien.

Am nächsten Tag hockten wir deckenumhüllt in einem Strandkorb. Das Land stöhnte hitzig, aber auf die Schöne Insel fiel Regen. Die Ebbe hatte das Wasser vertrieben. B sagte: Sieh mal, das Meer! Ja, sagte ich, jetzt lassen wir die Seele baumeln.

Werner Finck sagte, Kabarett gehe nur in der Diktatur. In seinen Programmen saß die Gestapo und kontrollierte, bis sie sein Kabarett verbot. »Gestern waren wir geschlossen, aber heute sind wir wieder offen. Aber wenn wir heute zu offen sind, sind wir morgen wieder geschlossen.«

Gesagtes Denken

Jeder weiß es: Im Sozialismus durfte man nicht sagen, was man denkt. So gesehen hab ich nicht alles gesagt, was ich dachte, aber mehr, als man allgemein denken konnte, dass man es sagen durfte. »Die Texte stachen dem vormund-schaftlichen Staat mitten ins Herz«, schrieb 1990 die Satirezeitschrift Eulenspiegel, als sie so was schreiben durfte. Und ich denke beim Sichten der alten Texte: Dass wir das alles auf unserer Kabarettbühne sagen durften, hätte ich gar nicht gedacht. Wer beim Lesen der folgenden Beispiele denkt: Durftn dien das? Ja! Es gab Funktionäre, die mich das sagen ließen. Weil sie ähnlich dachten.

Birgit Schaller ehrt im Namen des Ensembles den Herkuleskeulen-Gründer Manfred Schubert, hier zusammen mit Gisela Grube und Heinz Kunert

Andere Funktionäre dagegen ließ ich schon 1980 ihr

Amtliches Gebet

beten

Beschütz uns unsre Posten
zwischen den Schreibtischpfosten
und gönn uns bitte auch,
wenn wir im Amt regieren
auf Stapeln aus Papieren,
ein bisschen Machtmissbrauch.

Mit Herzen aus Ruinen
lass uns uns selber dienen.
Erhöre das Gebet:
Nimm an uns niemals Rache.
Uns gehts nur um die Sache,
wenns um den Menschen geht.

Die Geister, die wir riefen,
die Initiativen
und Arbeiterideen:
Glaub uns, in den verpackten
und nummerierten Akten,
da liegen sie bequem.

Lass uns Gedanken schlachten
und auf die Linie achten,
egal, wohin sie führt.
Wir legen all die roten
Ideale zu den Toten,
schön säuberlich broschürt.

Im Frühjahr 1989 schossen auf dem Pekinger Platz des
Himmlischen Friedens Panzer auf chinesische Studen-
ten. Egon Krenz begrüßte die »Chinesische Lösung«. Da-
raufhin sangen wir auf der Bühne den

Lauf der Mitläufer

Die Zeit, sie läuft. Wir laufen mit.
Egal wohin, wir halten Schritt,
wenn wir im Takt marschieren.
Wir jubeln, wenn der Jubel rollt
und grollen, wenn der Herrgott grollt.
Das heißt: Wir funktionieren.

Die Denkchoreografen tanzen uns vor.
Und wir sind Statisten, Ballett de Corps.
Gleich hinter der ersten Reihe
stehn wir standhaft fest Spalier
und wissen meistens nicht wofür,
trotz unsrer Bravoschreie.

Wir leben dort. Wir leben hier.
Wir sind dagegen, sind dafür.
Man muss es uns nur sagen.
Uns gings auch drüben wunderbar,
sind pflegeleicht und austauschbar
in allen Lebenslagen.

Und wenn in der Welt auf Friedensplätzen
Schüsse den himmlischen Frieden verletzten –
Wir warten ab. Denn dann
muss erst die Zeitung informieren:

Zustimmen oder distanzieren?
Dann schließen wir uns an.

Im Namen der Gerechtigkeit,
des Volkes und der Mächtigkeit
der Ideologie:
Wir haben ja nie mitgedacht.
Wir haben ja nur mitgemacht.
Und schuldig sind wir nie.

1980

Bürger, schützt eure Anlagen

Ausschnitt aus einem Dialog

1 Hoffentlich schreckt es unsere Bürger nicht, wenn
  sie sehen, wie in den Nachrichten des Klassenfein-
  des eine schwarze Sache farbig schillert …
2 … und wie manchmal unsere rote Sache farblos
  aus der Röhre tropft.
3 Was ist besser: gut gemachte Nachrichten über
  schlecht gemachte Politik oder schlecht gemachte
  Nachrichten über gut gemachte Politik?
1 Mir ist eine schlecht gesagte Wahrheit lieber als
  eine gut gesagte Lüge.
2 Es ist doch gar nicht wahr, dass wir die Wahrheit
  schlecht sagen.
3 Stimmt. Manchmal sagen wir sie gar nicht.

Es war nicht das fehlende Frischgemüse, nicht das Zwölfjahrewarten auf einen Trabi, nicht einmal der Verfall unserer Städte, es war die provinzielle Enge, die uns den freien Atem nahm.

Die Rund- und die Eckköpfe

1975

Man erzählt, dass vor hunderten Märchenjahren
die Köpfe der Menschen sehr eckig waren,
so dass sie, wie sie sich auch bewegten,
mit den eckigen Köpfen stets Anstoß erregten.
Doch keiner sah darin Grund zur Erregung,
denn nur wer anstößt, bringt was in Bewegung.
Deshalb war auch ihr Brustbein
voll Selbstbewusstsein.
Sie trugen in Blau
ihre Beulen zur Schau
wie wir heute unsere Ordensspangen.
Sie tanzten und sangen
und stießen dann
auf weitere größere Anstöße an.

Doch populär,
so erzählt die Mär,
wurde die Tat eines Pädagogen,
der hat seine Zöglinge anders erzogen.
Er selber war, um bei Kollisionen
seinen eckigen Kopf zu schonen,
längst schon erfolgreicher Benützer
der filzgepolsterten Eckenschützer,

denn er erkannte das Problem:
Eckige Köpfe sind unbequem.
So begann er zu basteln,
zu feilen und raspeln,
bis nach einem durchforschtem Jahr
endlich ein Rundkopf geboren war,
den er nun testete,
mit Leitsätzen mästete,
und als alles genügend abgerundet,
hat er schnell
nach diesem Modell
die eckigen runden Köpfe verkundet.

Und die Genormten
und gleichgroß Geformten
wollten erst mächtig protestieren,
bis sie merkten, man kann auch so existieren.
Besah man es recht,
sogar gar nicht schlecht.
Dann schlug nun mal einer gegen die Kante,
weil er sich aus Versehen verrannte,
dann flutschte
und rutschte
er ab mit Geschick
wie ein Gummiball: der bricht sich nie das Genick.
Der Lehrer gab kund:
Alles läuft rund.
Und kam auch kein Kopf mehr so richtig voran.
Hauptsache war: Niemand eckte mehr an!

Ein Versammlungsleiter (V) eröffnet die

Außenseiterkonferenz

Aus dem Programm »Auf Dich kommt es an, nicht auf alle« 1985

V   Liebe Delegierte! Ich eröffne die heutige Konferenz der … der – ich muss mal kurz meine Augen in die Materialien werfen …

1   Außenseiter!

V   Bitte keine Einwürfe. Wir wollen die Konferenz nicht unnötig beleben. Zuerst wollen wir uns zum Einmarsch des Präsidiums erheben.

2   Wir brauchen kein Präsidium.

3   Eröffnen Sie kurz die Konferenz. Dann kann jeder ans Rednerpult gehen. Jeder hat hier die gleichen Rechte. Reden darf nur, wer was zu sagen hat.

1   Also schweigen sie.

123 *lachen*

V   Genossen, wir wollen die Heiterkeit im Sozialismus nicht übertreiben. Dafür gibt es keinen Grund. Es kommt auch gar nicht darauf an, ob wir ein Präsidium brauchen. Es kommt darauf an, dass wir eins haben.

2   Warum?

V   Das ist immer so. Und wenn es immer so ist, erübrigt sich die Frage nach dem Warum.

2   Warum?

V   Egal, was wir machen, wie wirs machen, steht fest.

3   Na bitte, dann sind wir alle hier im Saal das Präsidium.

V Sie! Mit solchen wie Ihnen hat die Revolution angefangen.

3 Mit solchen wie Ihnen ist sie schon zu Ende.

V Also ich bitte jetzt das Präsidium nach oben.

1 Es gibt hier kein oben und kein unten.

V Ich warne Sie! Ich bin wachsam. Ich lasse mir
   von Ihnen nicht den Sozialismus auf die Füße
   stellen. Sie werden mir nicht das Chaos hier hin-
   eintragen. Wenigstens hier hinein nicht!

2 Liebe Außenseiter hier im Saal: Ich denke …

V Da sind Sie hier völlig falsch! Und wenn du
   schon reden willst – wo sind deine Unterlagen?

2 Ich spreche frei.

V Und wo liest du das ab?

2 Ich erreiche jeden Einzelnen nur, wenn ich ihm
   in die Augen sehe.

V Sie sollen hier niemanden erreichen. Und schon
   gar nicht jeden Einzelnen. Es kommt darauf an,
   die Massen zu überzeugen.

3 Aber die Masse besteht doch aus lauter Einzelnen.

V So? Darüber muss ich nachdenken. Das wäre
   eine völlig neue Situation.

Eine Jugendliche fühlte sich

Treulich geführt

1988

Täglich hineingeboren
in aufgestoßne Türen,
lass wie bei einer Führung
ich mich getreulich führen.
Als Mündiger ein Mündel
und ohne Vormund nie,
will ich erwachsen werden.
Und Vater Staat weiß wie.

Kenne keine Lieder, die in die Show passen. Lese auch
lieber. Ich wollte ein Buch von einem Dramatiker von
uns. Gibts aber nur im Westen. Wollt mirs schicken
lassen. Hat aber der Zoll kassiert. Weils laut Gesetz
den Interessen der DDR-Bürger schadet. Die wissen,
was mir schadet. Da hat meine Omi das Buch über die
Grenze geschleust mit einem andren Einband drum:
Volker Braun. Training des aufrechten Ganges. Hat
der Zoll gedacht, das ist ein Fachbuch für Sportlehrer.
Ich bin auch Kino-Fan. Kam einer über Berliner Bau-
arbeiter. Die warn alle so mit Erfolgen geschwängert,
die quasselten noch mit der Mieze im Bett, als vereinten sie sich grade fürs Parteilehrjahr. Ich denk, mich
hebts ab, als ich höre, wie viel Auszeichnungen der
Film hatte. Mehr als Zuschauer: preisgekrönte Verlo-
genheit. Weil wir grade von Berlin und so: Ich wohn
in der Dresdner Neustadt. Unterm kaputten Dach
und über einem verfallenen Tante-Emma-Laden.

1988 Birgit Schaller im
Jugendsolo im Programm
»Überlebenszeit«

Aber mit Leuten, die sich alle kennen. Wird nächstes
Jahr weggesprengt. Und Berlin?, hab ich einen Refe-
renten gefragt. Berlin ist das Herz der Republik, hat
er gesagt. Na gut, Herz muss es geben. Aber müssen
wir hier der Arsch sein? Da hat sich der Typ wie ein
Ballon aufgeblasen: Aus dir spricht der Klassenfeind!
Da sprang mir meine Lehrerin an die Seite. Fand ich
echt cool. Da ging der Ballon ganz in die Luft. Aber
nach der Diskussion ging der Redner zu meiner Lehrerin und klopfte ihr auf die Schulter: Ich denk ja wie
du, Genossin. Da gibts auch so'nen Typ aus meiner
Klasse: der Vater hat ein Fuhrgeschäft. Die sitzen, hat
er mich mal mitgenommen, in der Sauna und gucken
sich heimlich Pornos an und fluchen auf die Kommunisten, das bringt die hoch. Aber den Sohn trimmt der
Alte auf FDJ und Jugendweihe, damit er ihm einen
Beruf zuschieben kann mit seinen Beziehungen. Ist
doch schizo. Solche werden aber nicht behandelt. Das

179

würde unser Gesundheitssystem überfordern. Weils davon so viele gibt. Ich will hier leben. Anders, aber hier. Ich liebe die Hinterhöfe, wo ich zu Hause bin. Und da frag ich: Warum muss ich da noch laufend betonen, dass ich die ganze Republik liebe? Weil wir grade von Fragen und so: Ich kann meine nicht in den Kühlschrank legen. Hab nämlich keinen. O.k., es gibt Kredite für junge Ehen, mehr Kindergeld, erhöhtes Grundstipendium, kostenlose Kinderbetreuung, und da fragt Vater Staat, was er denn noch für die Jugend tun muss?!

Ihr müsst uns nicht kaufen.

»Überlebenszeit« 1988 mit Birgit Schaller, Brigitte Heinrich, Manfred Breschke, Wolfgang Stumph

Die Stimmungsmacher der Nation

1987

Wir sind bei jeder Show als Stimmungsmacher
    sehr begehrt.
Wir haben uns bei jedem Tief als Knallbonbon
    bewährt.
Denn scheint uns auf der Lebensbühne etwas
    schiefzuliegen,
dann können wir's dank ungebrochner Stimmung
    gradebiegen.
In den düsteren Jahren
haben wir es erfahren:
Arm wär das Leben,
würds uns nicht geben.
Doch keine Angst, uns gibt es ja seit vierzig Jahren
    schon,
uns, die Stimmungsmacher der Nation.
Blau ist die Nacht.
Sieh nur den Mond am Himmel, schau, wie er
    lacht.

Ob Mao, Chruschtschow, Ulbricht – wir haben
    über Nacht
die neuen Fotos an den alten Wänden angebracht.
Wir wechselten die Bilder aus im altbewährten
    Rahmen.
Der Glaube blieb, auch wenn die Götter gingen
    oder kamen.

Der Papa wirds schon richten.
Der Papa machts schon gut.

Für uns war Stalin Väterchen. Dann mussten wir
    erfahren,
dass die Taten Väterchens so väterlich nicht
    waren.
Doch um Euch von der Nachricht von Millionen
Opfern unsres Väterchens zu schonen,
klang es so, wenn wir davon in unsren Liedern
    sangen,
als hätt er bei der Jagd nur ein paar Hasen
    weggefangen.
Schallali, schallala, schallala, schallali
schon tuts nicht mehr weh.

Wir singen Niederlagen klein,
wenn wir wo unterliegen.
Denn was nicht sein darf, kann nicht sein,
weil wir gesetzlich siegen.
Und werden die Antworten manchmal knapp
in schwierigen Situationen:
Wir schießen die Fragen einfach ab
mit unseren Stimmungskanonen.
Keine Bange, wir holen eine Zange
und die Feuerleiter. Und dann geht es weiter …

Geistes- und Kulturschaffende wurden allvierteljähr-
lich zwecks Kontakt zu den Werktätigen in Betriebe ge-
führt. Da stand ich nun neben Peter Schreier in einer
ruinengleichen, laut stinkenden Fabrikhalle vor ölig ver-
schmierten Maschinen, auf die der Putz bröckelte.

Praktikum

1983

Kämpfer: Tag. Kämpfer. Ich will hier in der Schuh-
cremefabrik mein Praktikum machen.

Arbeiter: Schrei nicht so rum, Kumpel, hier ist es
schon laut genug!

Kämpfer: Ich soll dir an der Mischtrommel helfen.

Arbeiter: Ich nehm nur Schauspieler.

Kämpfer: Wegen der Sprachtechnik. Sonst bläkt man
sich heiser.

Arbeiter: Wegen der DEFA. Die drehn hier in der
VEB-Bude immer, wenn sie Ausbeutermi-
lieu im Frühkapitalismus einfangen wollen.
Ich hab schon in acht Filmen mitgespielt.

Kämpfer: Bei dir sparen sie die Maske.

Arbeiter: Ich krieg noch mal den Oscar für die beste
Dreckarbeit. Sozialistische Brigade bin ich
schon.

Kämpfer: Dreh mal kurz die Maschine ab.

Arbeiter: Geht gleich aus. Aller zehn Minuten von
alleine.

Kämpfer: Automatisch?

Arbeiter: Kaputt.

Kämpfer: Das verändern wir. Neue NC-Maschinen
mit bedienungsfreien Fertigungszellen mit

Wolfgang
Stumph
und Hans-
Günther
Pölitz

Produktionssteigerungen bis 500 Prozent –
das gibts alles schon. Hab ich gelesen. Und
du sitzt gemütlich im Frühstücksraum und
steuerst die Produktion mit einem Mikro-
prozessor!

Arbeiter: Wir haben keinen Frühstücksraum.

Die Maschine steht plötzlich

Arbeiter: Na endlich. Manchmal bockt das Luder
und läuft von alleine weiter.

Kämpfer: *lugt in den Kessel* Grüne Schuhcreme?

Arbeiter: Grüne.

Kämpfer: Geht die ab?

Arbeiter: Geht nicht ab.

Kämpfer: Stört dich aber nicht.

Arbeiter: Stört mich nicht.

Kämpfer: Und der abbröckelnde Putz an der Decke
auch nicht.

Arbeiter: Wenn der Putz nicht in den Rührkessel klatschen würde, wär unsre Schuhcreme nicht
mehr weltmarktfähig. Das Rezept kennen
nicht mal die Japaner. *köpft eine Flasche Bier*

Kämpfer: He, he!

Arbeiter: Unser Betrieb ist die einzige Kneipe im
Ort, die früh um sechs schon geöffnet hat.

Kämpfer: Bier trinken während der Arbeitszeit?

Arbeiter: Ist erlaubt. Bei jeder Produktionsstockung
einen Schluck.

Kämpfer: Würde man das überall einführen!

Arbeiter: Denkst du, mir macht das Spaß, als Anti-
alkoholiker? Mir steht auch das Wasser bis
zum Hals!

Kämpfer: Da kannst du weiterarbeiten. Hab ich
gelesen: Ein Dieselmotor für den Unter-
wassereinsatz in unbegrenzten Tiefen. Das
gibts alles schon.

Arbeiter: Diesel! Wir erfinden gerade für unseren
Betriebs-LKW einen Holzvergaser. Wir
konnten einen Rentner als Jungen Neuerer
gewinnen. Mit dem seiner Nachkriegser-
fahrung fährt unser Betrieb in die Zukunft.

Kämpfer: Aber mit deiner scheiß Gleichgültigkeit
wird sich hier nie was verändern. Weißt
du, was dir fehlt?!

Arbeiter: Zehn Gramm Dynamit.

Kämpfer: Weißt du, was dem Betrieb gut tun würde?

Arbeiter: Zehn Gramm Dynamit.

Kämpfer: Ich geh zum Werkdirektor!

Arbeiter: Der hat auch keins.

Kämpfer: Da beschwer ich mich bei Honecker!

Arbeiter: Sag dem: Zehn Gramm würden reichen.

PS: Das DDR-Fernsehen sendete diese Szene. Die
Schlusspointe wurde gestrichen.

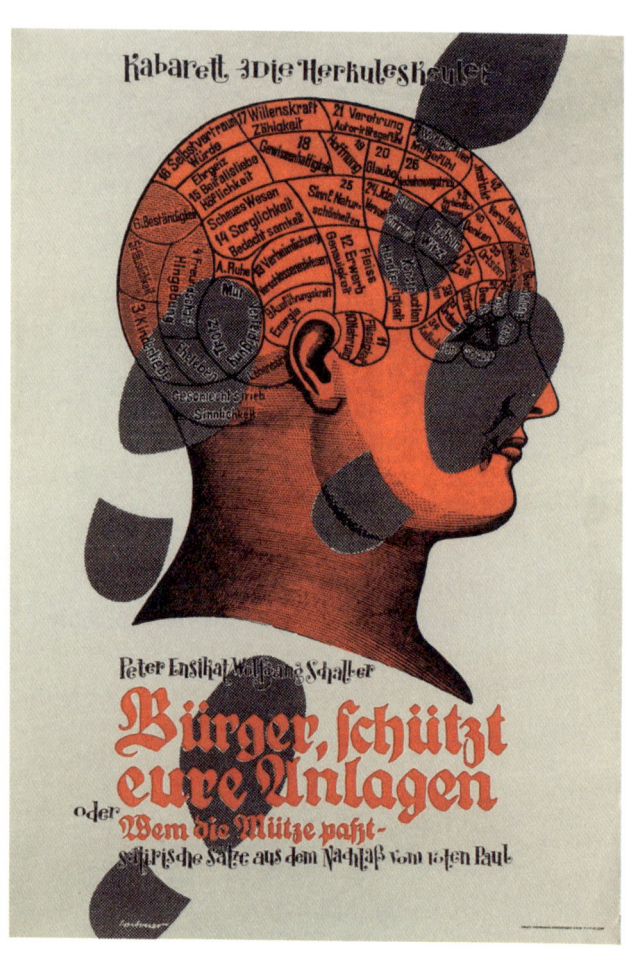

186

DIE HERKULESKEULE

Überlebenszeit

Revue von Peter Ensikat und Wolfgang Schaller

1988. Das Plakat zu dem Programm »Überlebenszeit« sollte verboten werden, weil es ein künstlich angestrahltes Kreuz als Symbol für die untergehende DDR sei. Schaller verteidigte das Plakat als Darstellung eines Wickelkindes, das als neue Geburt die Zukunft des Sozialismus symbolisiere. Das Plakat wurde daraufhin genehmigt.

Wißt ihr nicht, wie weh das tut,
wenn man wach im Grabe ruht?
                              Friederike Kempner

Heute hat uns wieder eine

IDEE

nach einem kampferfüllten Leben für immer verlassen. Allen, die uns halfen, sie zu Grabe zu tragen, möchten wir hiermit auf das herzlichste danken,

                    In ehrenvollem Gedenken
                    Abt. INITIA-TIEFEN

Wolfgang Berghofer

hat als Dresdens OB im Herbst 1989 durch Verhandlungen mit einer Gruppe der Demonstranten beigetragen, dass diese Tage friedlich blieben:

Es gab nicht viele erfreuliche Stunden im Amt eines sozialistischen Oberbügermeisters. Meine Besuche der Herkuleskeule gehörten dazu. Viele Menschen, auch ich, fühlten sich nach einem Herkuleskeulenbesuch freier und in den eigenen Ansichten bestärkt, gleichzeitig aber bedrückt im Wissen um die Unlösbarkeit der meisten Probleme. Die Mangelwirtschaft, die Borniertheit von Partei- und Staatsfunktionären, die nichtssagenden Nachrichten usw. lieferten ununterbrochen den Stoff für die Kabarettbühne. Diesen zur versteckten oder offenen Kritik zu verarbeiten war das tägliche Brot der Meister des Kabaretts. Schaller und Ensikat waren dabei unübertroffene Könner. Sie waren keine Dissidenten. Sie wollten zu positiven Veränderungen der gesellschaftlichen Realität beitragen. Sobald sie allerdings zu weit gingen, lebten sie gefährlich. Parteikontrolle und staatliche Zensur ließen sich nur mit Intelligenz und Loyalität überlisten. Darin waren sie und ihre Kollegen die Besten ihres Genres. Ich sah sie als Aufklärer und Unruhestifter. In diesem Sinne war die Herkuleskeule einer von vielen Wegbereitern der friedlichen Revolution, die nicht zuletzt in Dresden begann.

≥The Impudent Muse≤

Kolloquium zur deutschen Literatur 2000
Basel / Sylvia Klötzer über das Programm »Auf Dich kommt es an«:

In seinem Brief an die mächtigste Parteiinstanz des Bezirkes Dresden teilte Schaller mit, er sehe seine Aufgabe darin, sich und andere in Widersprüche zu verwickeln und zu verunsichern. Er distanzierte sich vom Kabarett, das die Illusion einer intakten Gesellschaft stützt. Vom Bezirkskulturrat sind folgende Vorwürfe überliefert: »frustrierter Autor will Partei und Staat beleidigen«, die Texte seien konterrevolutionär. Darauf reagierte Schaller. »Diesen Sozialismus verändern helfen mit Blick auf ein Ideal, das allen Mühen Sinn gibt, wieso ist dieses Verändernwollen ein Negieren alles Erreichten? Absicherung, dass keiner was missverstehen könne, macht Satire unmöglich.«

1988: Premiere von »Überlebenszeit«: Peter Ensikat, Wolfgang Schaller, Günther Gurschke, Gisela Oechelhaeuser

theater im palast
tp

Peter Ensikat
Wolfgang Schaller

AUF
DICH
KOMMT
ES AN,
NICHT AUF
ALLE

Regie: Gisela Oechelhaeuser

Ag 161/12/88

1986 spielte die Herkuleskeule anlässlich der DDR-Kabaretttage im Geraer Theater »Auf Dich kommt es an, nicht auf alle«. Die Zuschauer dankten es mit mit fünfzehnminütigen stehenden Ovationen, gezückten Taschentüchern, um sich Tränen wegzuwischen. Es war die Zeit zwischen bleierner Resignation und durch Gorbatschow genährter Hoffnung auf Veränderung.

In den 80er Jahren

gehörten Ensikat/Schaller zu den meistgespielten Theaterautoren in
der DDR. Ihre an der Herkuleskeule uraufgeführten Stücke wurden in
insgesamt 108 Inszenierungen an fast allen Theatern und Kabaretts
gespielt. Am Berliner Ensemble scheiterte der Versuch, am Theater
im Palast (der Republik) glückte er mit ängstlichem Wohlwollen von
Funktionären und Mut der Intendantin Vera Oelschlegel und der Re-
gisseurin Gisela Oechelhaeuser. Dazu Ensikat in seinem Buch: »Kurz
darauf erhielten Schaller und ich für alle geplanten Lesungen in Berlin
Absagen, und ein Amt teilte uns unter dem Siegel der Verschwiegen-
heit mit, dass wir nun in Berlin Berufsverbot hätten.«

Peter Bause, Schauspieler

Tatsächlich hatten wir am Berliner Ensemble ein Ensikat/Schaller-
Stück in den Proben. Es war in meinen 15 Jahren am BE der einzige Versuch, Ensikat/Schaller auf die Bühne zu bringen. Die Proben verliefen
gut, und dabei waren in jedem Fall Renate Richter, Stefan Lisewsky,
Wolfram Handel und ich. Nach der Generalprobe an einem Vormittag
hatten die Verantwortlichen des Hauses den Technischen Direktor
»vorgeschickt«, der als Arbeitervertreter dieses Programm in Grund
und Boden redete – als ein Programm, welches die »Arbeiterklasse«
beleidigt. Vor diesen »Argumenten« beugten sich Wekwerth und der
damalige Parteisekretär. Wir wurden in kaum 20 Minuten abfrottiert,
und die Sache war beerdigt. Das war abgekartet und fadenscheinig.

Weil wir grade von Zensur sprechen. Ich dachte immer

Die Gedanken sind frei

in der Freiheit. Keiner muss sie erraten. 2018

Nach dem blutigen Terror in Paris schallte aus allen Parteizentralen, Redaktionsstuben und Kirchenämtern der Ruf »Wir sind Charlie!«. Denn alle entdeckten, dass die Freiheit des Wortes oberstes Menschenrecht sei, das man verteidigen müsse. Und selbst die, die bisher glaubten, Tucholsky sei eine bolschewistische Tabaksorte, riefen nun: Satire darf alles!

Wie bitte? In der vergangenen Woche hat eine große staatsferne Zeitung einen Karikaturisten entlassen. Die Charlie-Mohamed-Karikatur hatte Millionen Moslems empört, weil sie Mohamed darstellte, der nicht dargestellt werden darf, schon gar nicht mit einer Bombe. Der Münchner Zeichner hatte einen israelischen Ministerpräsidenten karikiert, den man nicht karikieren darf, schon gar nicht mit einer Rakete.

Zur Provokation mit der Mohamed-Karikatur meinte die große staatsferne Zeitung, dass man nach den Schüssen auf die Pariser Karikaturisten die Meinungs- und Pressefreiheit erst recht nicht aufgeben dürfe. Natürlich kann man das mit dem jetzt entlassenen Karikaturisten nicht vergleichen, denn der wurde ja nicht erschossen, sondern lediglich gefeuert.

Die Kabarettistin Carolin Kebekus erhielt Morddrohungen und hundert Anzeigen wegen ihres Nonnen-Raps, staats- und kirchenferne Fernsehender schnippeln zum Schutz religiöser Überzeugungen satirische Texte aus den Kabarettsendungen, und ein ehemaliger

Stern-Mitarbeiter wünschte mir nach dem Lesen meiner Kolumne, man möge mir »in den Arsch« treten. Welch Glück – es wollen nicht alle gleich schießen.

Mit »Wir sind Charlie« schlug die Stunde der Heuchler. Wir sind nicht Charlie. Wir sind höchstens Charlies Tante, die so schön lustig ist.

Wir haben ja bei Attac gesehen, was daraus wird, wenn man kritisch in der Gesellschaft Stellung nimmt. Wir haben lange genug zugesehen, was das für ein Verein ist, der sich bislang gemeinnützig nennen durfte, als sei der Einsatz für soziale Gerechtigkeit, für Frauenrechte und gegen globale Ausbeutung nützlich für die Gemeinschaft. Damit ist jetzt endlich dank eines Beschlusses des Bundesfinanzhofes Schluss! Politische Betätigung ist nicht gemeinnützig, das ist jetzt verboten!

Gemeinnützige Vereine sind zum Beispiel die Stiftung für Familienrecht mit Lobbyvertretern der Großkonzerne oder die Gesellschaft für Wehrtechnik mit ranghohen Mitgliedern der Rüstungsindustrie, die sich kürzlich zu einem Vortrag »Wie man mit der NATO Geschäfte macht« trafen.

Die sind gemeinnützig. Aber Attac oder diese Deutsche Umwelthilfe sind gemein-gefährlich. Wenn man zur Zeit noch nicht alle kritischen Stimmen verbieten kann, so muss doch mal ein Anfang gemacht werden. Vor Verboten muss es schließlich erst mal Vorboten geben.

Die Gedankenmörder sind unter uns

1978

Es ist eine Mär
im Volk populär:
In unseren Zeiten
und unseren Breiten
gab es ein Wunder –
Ein Mann, ein gesunder,
hat Gedankenkinder zur Welt gebracht,
und das hat er folgendermaßen geschafft:

Es kamen
die Samen
durch Ohren und Augen.
Und die, die was taugen,
schwängerten unter seiner Stirn
das Gehirn,
um Nahrung zu suchen
am Vaterkuchen,
dass der Mann, was ihm eine Freude war,
laufend Gedankenkinder gebar:
mal kranke, gesunde,
mal dünne, mal runde,
mal große, mal feine.
Und lief auch mal eins ein bisschen verkehrt –
zunächst hat er allen das Laufen gelehrt.

Die Dünnen verdarben.
Die Kranken verstarben.
Doch die Gesunden wuchsen mächtig.
Die Großen und Runden gediehen prächtig.
Und der Mann wurde bald im ganzen Land
als äußerst fruchtbarer Mensch bekannt.

Da kam so ein freies Gedankenkind
eines Tags etwas leicht gesinnt
einem Amtssessel in die Quere.
Da begann die Misere!
Der geburtenfreudige Mann
hörte sich folgende Mahnung an:

Es solln sich die Fraun mit Gebären
    befassen!
Ein Mann soll es lassen!
Kopfschwangerschaft wär
ohnehin ordinär!
Käm sie trotzdem zustande:
nicht umsonst sei im Lande
Abtreiben erlaubt.
Und man könnt überhaupt
nicht einfach Gedanken austragen,
ohne vorher zu fragen,
ob in unserer Zeit
die Anwesenheit
dieses Nackedei
für die Partei
grade nützlich sei
oder unbequem.

Seitdem
begann
der Mann
die Gebote zu achten:
Die Gehirnzellen wachten
bei jedem Verkehr.
Zum Orgasmus kommt es schon längst nicht mehr.
Und entsteht aus Versehen ein Embryo,
dann meidet er jedes Risiko
und ist nun aus Angst vor der Schande
zum Gedankenkindermord imstande.
Hat sich trotzdem im Kopf zu viel angestaut,
dann rülpst er höchstens noch manchmal laut
und trägt nun in aller Zufriedenheit
den Titel »Held der Unfruchtbarkeit.«

In der Diktatur nannten SED-Funktionäre meine Texte

Anti

Anti sieht 2014 in der Freiheit so aus:

1 Sag mal: Du als Älterer kannst mir mal sagen: Wie war das eigentlich: Kabarett in der Diktatur? Da durfte man doch nicht sagen, was man denkt.
2 Heute darfst du alles sagen. Ohne dabei zu denken.
1 Aber du darfst halt alles sagen.
2 Alles darfst du auch nicht sagen.
1 Denkst du?
2 Zum Beispiel: Netanjahu – was sagst'n dazu?
1 Das sag ich nicht. Das denk ich mir.
2 Sagen müsste ich: Er ist ein kalter Krieger.

1 Sag das nicht! Dann bist du sofort anti!

2 Ich?

1 Du!

2 Was?

1 Antisemitisch!

2 Warum?

1 Kalter Krieger? So was kannst du doch nicht sagen!

2 Er besetzt fremdes Land.

1 Das ist antisemitisch.

2 Dass er fremdes Land besetzt?

1 Dass du das sagst.

2 Kennst du den?: Einem Juden fährt der ICE vor der Nase weg. Schimpft der Jude: »Ist auch ein Antisemit.«

1 Du darfst keine Judenwitze erzählen.

2 Warum?

1 Wegen der Vergangenheit.

2 Warum?

1 Da machst du dich schuldig.

2 Ich?

1 Du!

2 Ach so?

1 Sag lieber was gegen palästinensische Selbstmordattentäter.

2 Man sollte sie strenger bestrafen.

1 Das hilft nichts. Die werden immer wieder rückfallig.

2 Und warum? Was haben die denn für eine Zukunft vor sich?

1 Zweiundsiebzig Jungfrauen. Wäre das für dich nichts?

2 Mir reicht meine.

1 Ist deine Frau Jungfrau?

2 Wie soll ich denn das wissen?

1 Du liegst unter meinem Niveau.

2 Wo?

1 Was suchst du denn?

2 Mein Niveau. Was ist denn, wenn mir ein Jude einen Judenwitz erzählt? Zwei Juden verprügeln sich. Warum? Einer hat ein Centstück zwischen sie geworfen.

1 Ein Jude darf so was erzählen. Wenn du ihn erzählst, darf es im Witz kein Jude sein!

2 Nehme ich halt zwei katholische Priester.

1 Aber bei zwei katholischen Priestern hilft kein Centstück werfen.

2 Stell ich halt einen kleinen Jungen dazwischen.

1 Das ist …

2 … schon wieder anti?

1 Das ist Blasphemie!

2 Sagt Trump zu Putin: Wenn ich in deine Augen sehe, sehe ich deine Seele. Antwortet Putin: Wenn ich in dein Ohr sehe, sehe ich die andere Seite. Ist dieser Witz auch anti?

1 Der ist antiamerikanisch. Da machst du dich schuldig.

2 Ich? Warum?

1 Wegen der Vergangenheit.

2 Sind Polenwitze anti?

1 Ja, seit die Polen in der EU sind.

2 Seit die Polen in der EU sind, haben selbst die Zigeuner Angst, dass sie beklaut werden.

1 Witze über Polen gehen nicht.

2 Warum nicht?

1 Wegen der Vergangenheit.

2 Israel geht nicht, Vatikan nicht, Amerika nicht, Polen geht nicht – Gegen irgendwen muss es doch gehen dürfen!

1 Gegen Russen geht.

2 Gegen Russen geht? Sagt Putins Frau nach einem Essen im Weißen Haus zu ihrem Mann: Hast du das goldene Besteck bei den Obamas gesehen? Sagt Putin: Nein, zeig mal.

1 *lacht toll über den Witz.* Das ist gut!

2 Ich dachte immer, gegen Russen geht gar nicht.

1 Warum?

2 Wegen der Vergangenheit. Da mach ich mich schuldig.

1 Gegen Russen geht immer.

2 Warum?

1 Weil es Russen sind.

2 Aha.

1 Weil die keine Demokratie haben. So wie wir.

2 Da können sie sich an Deutschland ein Beispiel nehmen. Wo das Volk regiert.

1 Witze über Deutschland gehen überhaupt nicht!

Günter Grass veröffentlichte 2012 ein von den konser-
vativen Staatsmedien viel gescholtenes Gedicht, WAS
GESAGT WERDEN MUSS, weil er »der Heuchelei
des Westens überdrüssig« sei und in dem er sich vorwirft,
zu den den Weltfrieden gefährdenden Konflikten zwi-
schen Israel und Palästina und dem Iran viel zu lange
geschwiegen zu haben.

Was nicht gesagt werden muss

Ich antwortete 2012 mit dem Versuch der Adaption sei-
ner Sprache

Warum sage ich viel zu lange,
was ich nicht sagen musste, wo doch
der Gauck, der Heiland, weise sprach,
Kritik und Zweifel seien unsäglich albern,
zumal in meinem Alter, in dem
man sich der Lächerlichkeit preisgibt,
will man die Welt noch ändern
mit letzter Tinte. Weiß ich doch:
Im Sozialismus durfte man
nichts sagen, doch es änderte sich nichts,
so wie heute jeder alles sagen kann,
ohne dass sich etwas ändert.

Hat der Mensch erst einen Gott gefunden,
zu dem er beten kann, selbst wenn
Gott Stalin oder Hitler hieß
und heut vielleicht ein Florian
Silbereisen reicht, Gewissen einzuschläfern:
Millionen, die den Darwin leugnen
und Andersdenkende und Homos jagen

und sich katholisch nennen,
islamisch oder orthodox
und doch dieselbe Sprache
sprechen, nämlich die der
Fundamentalisten – Aufklärung adieu.

Jesus würd heut linksradikal genannt
mit seiner Predigt auf dem Berg
und wohl ein zweites Mal gehängt
vom Mittelalter, weil er gesagt hat,
was gesagt werden musste – da will
ich nicht den Matchbox-Jesus spielen
und nicht wissen, was ich weiß: dass
aus Schubladen des CIA die Pläne,
Afghanistan und den Irak zu bomben,
schon ihre Hälse reckten, bevor
Bin Laden seinen Nine-Eleven schuf.
Und dass Gaddafi enden musste,
weil er der Weltmacht nicht gehorchte
wie auch Assad, den Hauptfeind, gegen den
wir heute Seit an Seit mit Al Kaida kämpfen.
Weil Al Kaida die Rebellen unterwandert,
die in Syrien für eine Freiheit kämpfen,
die nicht die unsre sein wird. Und dass
im Iran ein neuer Krieg schon vor
der Haustür steht, weil längst
im Weißen Hause schon beschlossen.

Ich liebe, wie von Gauck gewünscht,
mein Land, auch wenns regiert wird
von Lobbyisten und Investmentbankern,
die kein Mensch gewählt hat,

und Börsenspekulanten ganze Länder
ruiniern und unsre Konten sprengen.
Ich ahn die Antwort nur und soll
sie gar nicht wissen. Sie halten uns
mit Angst in ihrem Bann vor Terror, den
sie selbst mit Terror provozierten.
Sie wollens uns verschweigen. Also
sag ich nicht, was nicht gesagt sein soll.
Die Folgen sind zu Grass.

Rainer Bursche, Alexander Pluquett und Katrin Jähne 2017

Kriegs-Erklärung

2010

Liebe Kinder: Heute wollen wir uns einmal die Frage stellen, was man beachten muss, wenn man einen Krieg führen will.

Für einen Krieg braucht man erst einmal einen Feind. Denn wenn man keinen Feind kennt, kann man keinen Krieg führen. Klingt komisch, ist aber so. Das haben wir bei der NATO gesehen, der vor zwanzig Jahren der Feind abhanden kam. Der Kommunismus hatte sich feige ohne Vorwarnung aufgelöst!

Stellt euch mal vor, liebe Kinder: Die Armee löst Alarm aus, aber niemand sagt den Generälen, wer der Feind ist. Die Generäle waren plötzlich nur noch von Freunden umzingelt. Die Generäle waren vom Frieden bedroht! Und wir wollen doch nicht, dass jemand bedroht wird, liebe Kinder.

Machen wir mal ein anderes Beispiel. Ihr habt vielleicht schon mal was gehört von den palästinensischen Terroristen. Die palästinensischen Terroristen sprengen israelische Zivilisten in die Luft, weil Israel ihr Feind ist. Und Israel ist ihr Feind, weil israelische Friedenskämpfer palästinensische Zivilisten in die Luft sprengen, weil die Palästinenser ihre Feinde sind. Klingt komisch, ist aber so.

Und das Lustigste ist, dass sich überall auf der Welt Freund und Feind mit den gleichen Waffen beschießen, zum Beispiel mit dem Sturmgewehr vom Typ G3 oder der Maschinenpistole vom Typ MP5, die sich im Irak ebenso wie im Sudan oder Somalia bei Streitkräften und Terroristen großer Beliebtheit erfreuen.

Und wisst ihr, liebe Kinder, was noch lustiger ist? Beide Waffen kommen aus Deutschland. Weil sie »äußerst zuverlässig und extrem präzise« sind, wie es in der Werbeschrift des deutschen Unternehmens Heckler & Koch steht, einer Firma, die erfolgreich seit 55 Jahren weltweit einskommafünf Millionen Menschen in den Genuss kommen lässt, äußerst zuverlässig und exakt von einem Produkt aus dem schwäbischen Traditionshaus erschossen zu werden. Klingt komisch, ist aber so.

Und wenn ihr von unserem Bundespräsidenten Gauck gehört habt, dass wir auf Deutschland auch mal ein bisschen stolz sein können, dann könnt ihr jetzt alle ein bisschen stolz sein auf deutsche Raketenschnellboote und Panzerabwehrraketen im Libanon und in Israel und in Syrien. Und auf die Lieferung von Material zur Herstellung von Giftgas für den Irak, damals, als der Irak noch unser Freund war, weil Saddam Hussein ein Freund der USA war, weil der Iran der Feind war, weil damals die iranische Regierung die amerikanischen Erdölfelder verstaatlicht hatte und deshalb der CIA den Schah an die Macht putschen musste, damit der Iran wieder ein Freund der USA wird, weshalb nun der Irak ein Feind der USA war, bis Khomeni den Schah wegrevolutionierte und der Iran wieder ein Feind der USA wurde, weil der Iran nun Atombomben bauen will, für die er einst die Baupläne mit einem Umweg über Pakistan von deutschen Rüstungsfirmen erhielt, so wie einst ein deutscher schlauer Fuchs die

Atombombenpläne der USA an die Russen weitergab, als die Russen noch unser Feind waren, bevor sie unsere Brüder waren, und ob sie heute unser Freund oder unser Feind sind, das weiß ja keiner so recht. Das ist schade. Denn wenn man nicht genau weiß, ob Russland unser Feind oder unser Freund ist, könnte man zur Zeit gegen Russland keinen Krieg führen wie damals, als die Russen noch unser Feind waren. Klingt komisch, ist aber so.

Aber, liebe Kinder, ihr müsst euch das alles gar nicht so genau merken. Hauptsache, ihr wisst nun, was man mit einem Krieg machen muss. Nämlich beenden. Aber nicht sofort. Sondern erst, wenn alle genug daran verdient haben.

Denn Kriege führt man nicht, um sie zu gewinnen. Kriege führt man, um Gewinn zu machen. Klingt komisch, ist aber so.

In der DDR wurde jedes Programm, bevor es öffentlich
auf die Bühne kam, von einer Kommission aus Funk-
tionären abgenommen. Es gab immer Themen, die tabu
waren. Waren sie zu tabu, versuchten wir sie zu versin-
gen, und wenn das nicht reichte, zu vertanzen.

Neue Volkslieder

1976

Der Mond ist aufgegangen.
Es ist schon eingegangen
die ganze Vogelschar.
Der Wald steht kahl und schweiget,
und aus dem Schornstein steiget
der gelbe Nebel wunderbar.

Und im Chemiebetriebe,
da fließt ein Brünnlein kalt.
Doch wer das Brünnlein trinket,
merkt, wie das Brünnlein stinket,
wer's trinkt, wird nimmer alt.

Es waren zwei Karpfenkinder,
die hatten einander so lieb.
Sie haben sich noch niemals gesehen,
das Wasser war viel zu trüb.

Dort drunten im Tale
liegt meine Republik.
Und man hört mich oft sagen:
I hab dich so lieb.
Sprech allzeit von Liebe

sprech allzeit von Treu.
Und a bisserle Falschheit
is a wohl dabei.

Rosenstock, Holderblüh,
wenn i mei Gehirndl sieh,
lacht mer vor lauter Freud
s Herzel im Leib.
Lalala, lalala, s Gehirndl hat Ärger g'macht.
Lalala, lalala, s hat selber gedacht.
Mach i mei Guscherl zu,
hab i mei Fried und Ruh
und mache trotzdem still
das, was i will.
Lalala, lalala, s Gehirndl is nimmer da.
Lalala, lalala, ohne gehts a.

Jutta Rockstroh, Manfred Schubert, Gisela Grube und Hans Glauche

Der Ostdeutsche an sich ist nicht ausländerfeindlich. Er hat schon 1990

Hilfspakete

ins hilfsbedürftige Afrika geschickt.

Sie Brauchst du die Fieberzäpfchen noch?

Er Wieso?

Sie Ich sortiere unsere Hausapotheke.

Er Warum?

Sie Brauchst du die Fieberzäpfchen noch?

Er Warum soll ich die noch brauchen?

Sie Wie soll ich das wissen.

Er Dann wirf sie doch weg.

Sie Vor sieben Jahren hast du sie gebraucht.

Er Da hatte ich Fieber. Heute hab ich kein Fieber.

Sie Aber es könnte sein, dass du wieder mal Fieber hast.

Er Dann hebst du sie halt auf.

Sie Sie sind überaltert.

Er Dann wirfst du sie halt weg.

Sie Ich werfe nicht gern was weg. Man weiß nie, ob man es noch mal gebrauchen kann.

Er Ich brauche sie nicht mehr.

Sie Vielleicht können wir jemand anderem eine Freude damit machen. Denk mal an die armen Neger. Wenn die Fieber kriegen. Durch die ewige Sonne. Bei Sonnenbrand krieg ich auch immer erhöhte Temperatur.

Er Dann heb sie halt für dich auf.

Sie Sie sind aber überaltert.

Er Dann sind sie auch für die Neger überaltert.

Sie Gerda sagt, unsere europäischen Körper reagieren sensibler auf Verfallsdaten. Wer sich den ganzen Tag im Freien aufhält, ist robuster.

Er Jaja.

Sie Steck ich nun die Zäpfchen rein?

Er Wem?

Sie Den Negern. Ins Hilfspaket.

Er Wozu brauchen die Fieberzäpfchen.

Sie Man sollte was tun für den Nord-Süd-Konflikt. Ich hätt ein schlechtes Gewissen, wenn sie sie doch brauchen könnten, z. B. als Knöpfe. Not macht erfinderisch. Das weißt du doch aus DDR-Zeiten. Zwei Löcher durch, und der Lodenmantel sitzt wieder.

Er Hast du am Äquator schon mal einen Neger mit einem Lodenmantel gesehen?

Sie Weil sie keine Knöpfe haben. Soll ich auch die Kohletabletten mitschicken?

Er Als Knöpfe?

Sie Ich dacht, wenn sie Durchfall haben.

Er Wer nichts zu essen hat, hat auch keinen Durchfall.

Sie Ich weiß nicht, Gerda hat auch keine Hühner, und trotzdem hat sie Hühneraugen.

Er Dann schickst du halt die Kohle mit.

Sie Hier: Echinacin. 40 % Alkohol. Verwendbar bis 78.

Er Alkohol hält sich.

Sie Da können sie auch mal feiern in ihrer Not.

Er Vielleicht brauchen sie unsre Pharmaka gar nicht, weil sie gesünder leben.

Sie Jaja, die Naturvölker.

Er Ich versteh das mit der Hungerhilfe sowieso nicht. Warum sollen wir denen beim Hungern helfen?

Sie Wir tuns doch gern.

2014: Brigitte Heinrich, Michael Rümmler, Mandy Partsch und Detlef Nier in dem Programm »Vorzurückzurseiteran« (v. l. n. r.)

2018 – Es muss mal

Schluss mit der Nazikeule

sein

Es muss mal Schluss sein. Damals, nach den Krawallen in Rostock war doch auch hinterher Schluss. Das war doch kein Mob, der Vietnamesen anzünden wollte. Das waren besorgte Bürger. Und da muss man doch jetzt nicht noch wochenlang über Chemnitz reden. Nur wegen der paar Nazis, die angeblich gegrölt haben, der Hitler sei ihr Fan. Weil sich Fan so schön auf Hooligan reimt. Das geht vorüber. Guckt mal: So hat das auch vor 33 angefangen: Dass ein kleines Häuflein von Nazis gegrölt hat. Das ging doch 45 auch vorüber. Und anschließend hat sich herausgestellt: Niemand war Nazi. Hätte es damals schon den Herrn Maaßen vom Verfassungsschutz gegeben, hätte der nachgewiesen, dass der 2.Weltkrieg nur ein gefälschtes Video war. Ein Fake. Es gab auch keinen großen Diktator Adolf Hitler. Das war Charlie Chaplin. Oder Günter Wallraff. Es gab in Chemnitz keine Hetzjagden, hat der Chef vom Verfassungsschutz gesagt. Da kann der Chef nichts dafür, das liegt an seinem rechten Auge. Das geht immer zu. Das ist eine Krankheit. Und nun muss mal Schluss sein. Es haben ja alle gelernt aus den Vorkommnissen. Es ist doch schon viel geschehen. Ab heute wird der Verfassungsschutz vom Verfassungsschutz beobachtet. Die Polizei rüstet ihre Wasserwerfer um, damit die Rohre sich nicht nur nach links, sondern auch mal nach rechts drehen lassen. In Dresden haben sich Hunderttausende in einer Demo vereint, die schweigende Mehrheit ruft: »Wir sind mehr! Jeder darf sagen, was er denkt. Wir werden die Meinungsfreiheit hüten! Aber wer Hass sät oder ein jüdisches Restaurant angreift, wird unseren Widerstand ernten. Wer bei uns friedlich Schutz sucht, der sei willkommen. Aber wer mit Messern auf der Straße Leben bedroht, den trifft unser Gesetz. Und wer zu Hause seine Kopftuchgattin verprügelt, den schicken wir auf die Südroute. Und den Bierbauchdeutschen, der seine Lockenwicklergattin verprügelt, gleich mit. Gegen jede Gewalt!« Seht wie der Zug von Millionen … Man wird ja mal träumen dürfen. Und nun muss mal Schluss sein.

2016

Nächstenliebe

der Gartenzwerge

Gott bewahre uns hernieden
unsren kleinen Gartenfrieden.
Lasst uns froh und munter baun
Heckenschutz und Gartenzaun.

Freude schöner Götterfunken.
Affe tot und Boot gesunken.
Seid verschlungen, freut euch drauf:
Das Mittelmeer nimmt euch noch auf.

Wenn die Flüchtlingsheime brennen,
wollen wir ganz klar bekennen:
Wir schaun nur zu am Straßenrand.
Bei uns hängt Jesus an der Wand.

Wir sind ja für Barmherzigkeit.
Uns tun ja auch die Fremden leid.
Wenn wir sie von Ferne sehn
ist Nächstenliebe wunderschön.

Ins Poesiealbum schrieben

Olaf Schubert:
Mit oder ohne Keule – Schaller ist ein Herkules der Satire. Unter den humoristischen Urgesteinen ist er für mich das kabarettistische Schwergewicht.

Tom Pauls:
Der Schaller-Wolfgang ist eine sächsische Institution. Immer auf der Höhe der Zeit, das Megaphon stets im Anschlag. Denn, wie man in den Wald hinein ruft, so schallert es hinaus. Alles Liebe, dein Tom Pauls

Dietmar Jacobs, Köln, einer der bekanntesten für Kabarett und Fernschen schreibenden deutschen Autoren:
Ihr Name ist für mich immer mit den besten Seiten des Deutschen Kabaretts eng verbunden. Seit meiner Doktor-Arbeit hat mich Ihre Arbeit beeindruckt. Überlegen Sie sich das mit dem Aufhören (Kabarettisten sterben wie Cowboys in den Stiefeln).

Detlef Nier und Birgit
Schaller als Charlie
Chaplin und Nina Hagen
in »Gallensteins Lager«

Detlef Nier, Brigitte Heinrich und Gloria Nowak
als Udo Lindenberg, Chansonette und Tina
Turner in »Grand Brie«

Michael Rümmler und Rainer Bursche in »Die nackte Wahrheit«

214

HERKULESKEULE

GALLEN
STEINS
LAGER

MIT BIRGIT SCHALLER, DETLEF NIER UND BAND

KABARETT
DRESDENS KABARETT-THEATER GMBH

Volker Fiebig, Birgit Schaller, Detlef Nier und Jens Wagner

Aus dem Intimleben eines Ensemble-geistes:

Schaller beauftragt Ensikat, einen Text zu schreiben. Schaller sagt Ensikat ganz genau, wie er sich den Text vorstellt. Ensikat schreibt den Text. Ensikat findet seinen Text sehr gut. Schaller findet Ensikats Text nicht gut. Weil der Text nicht so ist, wie er sich ihn vorgestellt hat. Schaller schreibt Ensikats Text neu, bis er so ist, wie er sich ihn vorgestellt hat. Ensikat findet nun den Text gar nicht mehr gut. Der Musikalische Leiter Jens Wagner vertont den Text. Schaller sagt Wagner genau, wie er sich die Vertonung vorstellt. Wagner komponiert und findet seine Komposition gut. Schaller findet die Komposition gar nicht gut, weil sie nicht so ist, wie er sie sich vorgestellt hat. Wagner droht, die Komposition zurückzuziehen, wenn sie nicht so genommen wird. Der Regisseur Matthias Nagatis greift schlichtend ein, findet weder Text noch Komposition gut. Aber die Kabarettisten Gloria Nowak, Birgit Schaller und Rainer Bursche finden Text und Komposition

216

hervorragend und proben das Lied hinter dem Rücken des Regisseurs. Als sie das Ergebnis dem Regisseur vorlegen, ist der wahnsinnig begeistert. Wagner und Schaller reichen sich die Hand und beteuern, wie bewundernswert sie Text und Musik finden. Da tritt der Beleuchter aus den Kulissen und sagt, dass er das Lied gar nicht schlecht findet, aber die Schauspieler ziemlich beschissen. Alle einigen sich, die Nummer zu streichen. Daraufhin gibt der Geschäftsführer per Aushang am Schwarzen Brett bekannt, dass 70 Prozent der Einlassfrauen hinter dem soeben gestrichenen Lied stehen. Das Lied bleibt im Programm. Was zeigt uns das? Ein Ensemble ist eine Gruppe von Gleichgesinnten. Wenn in einer verschworenen Gemeinschaft die verschiedensten Meinungen so lange aufeinanderprallen, bis keine Meinung mehr übrigbleibt, nennt man das Ensemblekabarett.

Regisseur Matthias Nagatis inszenierte dreißig Programme an der Herkuleskeule, oft zusammen mit Wolfgang Schaller

Arnim Proft,
Geschäftsfüh-
rer, der gute
Geist hinter der
Kulisse

Der Musikalische Leiter der Herkuleskeule, Jazzpianist und Professor an der
Musikhochschule Jens Wagner mit seinen Musikern Volker Fiebig und dem
Pianisten, Tonmeister und Dozenten Thomas Wand

Philipp Schaller: »Mein Vater: Die Altersmilde lässt auf sich warten. Das bekommt ihm nicht gut. Seinen Texten schon. Mein Vater: beratungsresistent. Bleibt einfach links. Mein Vater: ein Zweifler. Darin ist er mir am nächsten. Mein Vater: Bleibt ein schwieriger Fall. Bei dem Beruf? Was auch sonst? Das heißt aber auch: Er bleibt.«

Wolfgang Schaller: »Mein Sohn: Ein schwieriger Fall. Was auch sonst, er ist mein Sohn. Mit seinen Texten ist er mir sehr nah. Deshalb übergebe ich ihm die Führung. Das klingt nach Vater-Sohn-Thronfolge nach nordkoreanischer Art. Aber Philipps Waffen sind die geistreichen, oft schwarzbösen Pointen. Adäquat seiner Sätze über mich müsste ich sagen: Er kommt. Aber er ist längst da.«

DIE HERKULESKEULE
DRESDENS KABARETT-THEATER GMBH

DIE ZUKUNFT LÜGT VOR UNS

**BIRGIT SCHALLER, RAINER BURSCHE, ERIK LEHMANN &
DIE MUSIKER THOMAS WAND & SASCHA MOCK WARNEN**

FREIBIER WIRD TEURER!

TEXTBUCH WOLFGANG SCHALLER / REGIE MATTHIAS NAGATIS

222

DIE HERKULESKEULE
DRESDENS KABARETT-THEATER

DURCH
TRAUM
UND
ZEIT

Ein Blick zurück nach vorn
von und mit dem Autoren
Wolfgang Schaller
und den Kabarettisten
Birgit Schaller
und Hannes Sell
Musik Thomas Wand

Friede, Freude, Mauerfall

Frankfurter Allgemeine Zeitung

10. Oktober 2017

Es brodelt wieder + Von Stefan Locke

Dresden, im Oktober. In ein Lied verpackt, kann Boshaftes schon mal milde klingen, in diesem Fall aber verstärkt die Musik noch den Effekt. »Wir Sachsen haben Fremde gern«, singt ein Trio und setzt dann fort: »Am liebsten sehn wir sie von fern.« Raunen im Publikum. Es komme vor, dass Leute den Saal verlassen, sagt Wolfgang Schaller, der Chef eines der renommiertesten deutschen Kabaretts, ein wenig triumphierend. Das habe er zuletzt vor 50 Jahren erlebt, bei einer Vorstellung seines Jugendkabaretts an der Parteihochschule in Berlin. »Nach der zweiten Nummer war der 500 Mann große Saal leer, weil die was in den falschen Hals bekommen hatten«, erzählt Schaller. »Am nächsten Tag rollten Köpfe, und da wusste ich: Mit Kabarett kann man sehr viel bewegen.«

Schaller gibt in diesem Oktober die Leitung des Hauses ab. »Man muss loslassen können«, seufzt er und schiebt hinterher: »Sagte der Bergsteiger.« Man kann sich die »Herkuleskeule« nicht vorstellen ohne Schaller in seinem schwarzen, ausgebeulten Anzug. Seit fast 40 Jahren leitet er diesen Laden, schreibt ausverkaufte Programme. Wer meint, die Zeit des Kabaretts sei vorbei, ist hier falsch. »Wir wurden schon oft totgesagt«, entgegnet Schaller. »Wenn dem wirklich so wäre, erleben wir hier täglich doch eine sehr schöne Leichenfeier.« Gleich mehrere Zuschauer haben ins Gästebuch geschrieben: »Vielen Dank für den Mut!« Seltsam sei das, schon fast wie zu DDR-Zeiten, sagt Schaller. »Wieso denken Leute, dass man in dieser pluralistischen Gesellschaft Mut haben muss, eine Meinung zu äußern, die vom Mainstream abweicht?« Er zitiert gern den großen Kabarettisten Werner Finck, der meinte, dass richtig gutes Kabarett nur in der Diktatur funktioniert. Zu DDR-Zeiten sei die Zensur zu überlisten ein großer Spaß gewesen. »Wir waren alle einer Meinung: gegen die da oben.« Heute jedoch sitzt der Pluralismus in Gestalt von Pegida-Gängern und Gegendemonstranten nebeneinander im Saal. Überhaupt sei der Umgang mit Pegida nicht so einfach, wie ihn sich viele Medien und Politiker gemacht hätten: einfach auf den dummen Sachsen draufhauen. Schaller war damals bei Gegendemonstrationen und hat dann gemerkt, dass es bei Pegida, anfangs jedenfalls, um viele Dinge ging, die auch Thema in seinem Kabarett waren. »Verrückte Zeiten«, sagt Schaller. Er ist stolz, dass die »Keule« trotz all der Umbrüche lebt und anerkannt wird. Allerdings hat er als Kabarettist heute nicht mehr auf alles eine schlüssige Antwort. »Ich bin oft ratlos«, gesteht Schaller. In dieser Welt voller komplexer Widersprüche könne er nicht mal mehr immer genau sagen, wo er stehe. »Mein Standpunkt, den ich früher sehr klar definieren konnte, ist ein Geh-Punkt geworden.« Die Lage erinnert ihn an die Zeit vor 1989. Unter der Ruhe der von der Kanzlerin gepredigten Alternativlosigkeit bewege sich etwas, liege Veränderung in der Luft. »Es brodelt wieder«, sagt Schaller – und wirkt darüber gar nicht unglücklich.

Umzug in den neuen Kabarettkeller im Kulturpalast 2017

Für B. Vier Reiseimpressionen

Er-Fahrungen in der Transsib

2002

»Die Russen warn ja mal ihr großer Bruder«, versucht ein Hessischer Lehrer mit uns ersten Kontakt im Speisewagen der Transsibirischen Eisenbahn. Da liegt Moskau längst hinter uns, die Stadt der 400 000 Dollarmillionäre, in der uns zwischen Mercedeslimousinen die Bettler ihre Stümpfe entgegenreckten und in der das GUM, in dem sich einst das Volk um Mangelwaren drängte, zur Luxusboutique mutierte. »Die Russen warn unsre Befreier.«

»Mich haben die Amerikaner befreit«, prostet uns der hessische Lehrer zu. »Jedenfalls tut ihr so, wenn ihr den D-Day feiert.« Georgi, der Kellner, serviert zur Zarentafel Kaviar und bietet uns als Souvenir rote Wimpel mit der russischen Aufschrift KOLLEKTIV DER KOMMUNISTISCHEN ARBEIT an. »Die hatten hier 26 Millionen Tote im Zweiten Weltkrieg. So wie der Brandt in Warschau auf die Knie gefallen ist, sollte unser Kanzler auf dem Roten Platz in Moskau auf den Knien die Russen um Vergebung bitten.« – »Was kostet das?«, fragt ein Bayer und kauft Georgi freudig einen Wimpel ab, ohne die kyrillischen Buchstaben dechiffrieren zu können. »Ihr seid im Osten russisch infiltriert«, sagt mein hessischer Freund. B sagt: »Wenn du einmal in der Schule Nina nina tam kartina eto traktor i motor auswendig lernen musstest – das kriegst du aus dem Schädel nicht mehr raus.« Ich hatte eine Pointe parat: »Als Juri Gagarin als erster Kosmonaut in den

Weltraum flog, da waren wir stolz wie Rumpelstilzchen. Dann landeten die Amerikaner als Erste auf dem Mond. Da hat Nikita Chruschtschow gesagt: Na und? Da landen wir halt auf der Sonne! Aber, gab ein Kosmonaut zu bedenken, da ist es doch so heiß. Na und?, sagte Chruschtschow: Da landen wir halt nachts!« – »Den muss i mir merken«, sagte der Bayer lachend.

In Jekaterinburg hasten wir von der Zarenkathedrale zum Lenindenkmal, vor dem der Alkohol ein paar zerlumpte Gestalten niedergestreckt hat. »Russland versäuft seine Seele«, sagt Viktor, unser russischer Reiseleiter, während wir schon wieder die Bolschewistische Straße entlang an McDonald's vorbei mit dem Bus zum Zug fahren, in dessen Gängen spätabends rheinische Frohnaturen nach dem siebenten Wodka vielkehlig Hermann Löns Heide erblühen lassen. Ich hätte gern mit den Partisanen vom Amur gekontert, aber mein Glas Diarrhoe lindernder Tee schenkt mir nicht genügend Mut.

In der sibirischen Hauptstadt Irkutsk essen wir in einer tschechischen Kneipe zur Musik eines Cowboysängers Wiener Schnitzel. Beim Stadtrundgang zeigt der Bayer auf eine Tankstelle und fragt: »Was kostet das?« – »Ein Liter Benzin kostet umgerechnet 40 Cent«, sagt Viktor, und Herr Waskostetdas sagt: »So lässt sichs leben!«

Im Zug steh ich am Fenster und zähle Birken und warte, dass wie in den Filmen meiner Jugend Iwanuschka aus den Wäldern tritt. Aller 50 Kilometer fliegt ein Bretterbudendorf vorbei. Dann steigen wir aus und baden im Baikal. Es wird sehr still. Abends sitzen wir auf den Gleisen. Eine Balalaika spielt.

Georgi grillt Lammspieße. Viktor erzählt von Tataren und Burjaten und Schamanen. Wir heben die Pappbecher. Nasdarowje. Aber Viktor mahnt: »Trinken ohne Trinkspruch ist Trunksucht.« Also trinken wir darauf, dass unsere Gesundheit so stark sei wie die sibirische Kälte und unser Leben so lang wie das einer sibirischen Zeder und unsere Liebe so tief wie der herrliche Baikal. Es wird sehr laut. Ich trinke mit meinem hessischen Lehrer Brüderschaft. In Sibirien wächst zusammen, was zusammengehört. Rechts die Weite der sibirischen Wälder, links die Tiefe des Baikalsees und über uns die Nacht, in der jemand die Milchstraße durch ein Sieb gießt. Gott. Oder Putin. Es ist alles sehr fern.

Meine Freundin Huong überraschte mich mit einem Ausdruck aus dem vietnamesischen Internet: Wolfgang Schaller la mot trong nhüng nha sang tac kich tzrao phng npoi tzieng cua Duc. Was so viel heißt wie ich sei ein in Deutschland gefürchteter Schriftsteller. Das fand ich großartig, es rührte wohl von einem Stück, dass unter kommunistischen Parteiprotesten vor Jahren in Hanoi aufgeführt worden war.

Buddha in Saigon

2015

Erst als ich im Flugzeug den Gürtel abschnallte, bemerkte ich, dass ich auf meiner Brille geschlafen hatte, deren Drahtgestell nun einer Skulptur von Tinguely glich. Auf der Gangway trat ich in die wasserschwängerte Tropenluft, die meine Brille sekundenschnell beschlug, so dass ich seit diesem Augenblick nicht mehr klar sah. Pegidafreunde werden das kennen: Man geht in der klaren Luft spazieren und sieht trotzdem nicht durch. Dies alles wollte ich hinter mir lassen: Den Mief einer Stadt, die ich liebe, nicht ahnend, dass mir noch am selben Tag abends, als mich die Schwüle nicht schlafen ließ und ich durch ein paar Kanäle zappte, CNN die Bilder sächsischer Wutbürger ins Saigoner Hotelzimmer schickte. Dresden war endlich weltberühmt.

Ich zappte verärgert einen Kanal weiter und landete in einer Kostprobe vietnamesischer Folklore, die kaum besser verdaubar war als deutscher Musikantenstadl. Also rief ich noch einmal unseren vietnamesischen Freund Luk an, der dann in der immer noch warmen Nacht mit mir und B die Einkaufsstraße Dong Khoi entlang – »bummelte« träfe es nicht ganz, inmitten des Lärms hunderter Motorräder und Tuk-Tuk-Rikschas und Barlautsprechermusik und Fußballgeschrei aus Fernsehern, die Schweini in voller Aktion zeigten. Wir zogen uns in ein kleines Bistro zurück, um die berühmte Nudelsuppe zu probieren. Aber versuchen Sie mal, Suppe mit Stäbchen bei beschlagener verbogener Brille zu essen – Luk lachte, und es war mein Fehler, ihm mit meiner Sympathie für Onkel Ho gefallen zu wollen: Luk begann nach dem dritten Bier über den Krieg zu erzählen, den er nahe von Son My überlebt hatte im Unterschied zu drei Millionen in Napalmregen und Bombenhagel Getöteter.

Ich wollte die Gräuelbilder loswerden, schaltete im Hotel auf Folklore, und eigentlich nur durch einen versehentlichen Knopfdruck auf der Fernbedienung landete ich noch einmal auf CNN, wo Menschen nach einem Terroranschlag panisch durch Pariser Straßen rannten. In die Nacht half mir eine Schlaftablette. Am nächsten Tag erfuhr ich, womit Sarkozy zu antworten versprach: Frankreich wolle einen totalen Krieg gegen den Terror führen.

Tage später dieses junge, in seiner Geschichte von Frankreich geprägte Saigon, in dessen wuselnder jugendlicher Geschäftigkeit ich dachte: Das ist die Zukunft. Ich ging mit B durch die Hallen des Marktes Cho Benh Thanh. Ein Marktweib legte mir im Vorübergehen ihre Hand auf meinen Bauch. Luk erklärte, ein europäischer Buddha brächte Glück. Ich nickte zweifelnd und zog meinen Bauch ein.

Jetzt sitze ich zu Hause vor dem Fernseher. Überall schlägt die Stunde der Anheizer. Auge um Auge, Zahn um Zahn. Unser Bundespfarrer ruft: Wir sind im Krieg!, als könne er es nicht erwarten, dass die Tornados aufsteigen. Die Angst geht um. Die Panikmacher haben Konjunktur. Ich hab mir aus Vietnam Kaffee mitgebracht. Eine besondere Sorte. Die Bohnen werden von Wieseln gefressen und wieder ausgeschieden. Der Genuss, verspricht die Werbung, bringt inneren Frieden. Ich versuche, mein Brillengestell geradezubiegen ...

Kuba – Ein kurzer Abriss

2018

Havannas Altstadt gleicht der Dresdner Neustadt, wenn die heut noch DDR wäre, nur dass das graublau oder rosa angestrichen ist, Betonarkaden Schlüpfern gleich, falls überhaupt sichtbar, weil durch die Gassen Touristenschwärme drängen, die eilig gebucht haben aus Furcht, amerikanische Immobilienhändler könnten bald die Ruinen zerstören und den Reiz der Morbidität einem gewinnbringenden Disneyland opfern. An jeder Straßenecke bringen Salsamädchen und Merenguemachos den Verfall zum Tanzen: Reggae, karibische Walzer und Boleros, Gitarren, Bongos, eine fröhliche Heiterkeit, hinter der sich Melancholie verbirgt, Lieder vom Fernsein, und diese Sehnsucht nach der Ferne heißt Amerika, Rastalockenteenis in US-Fahnen-Overalls und eine rote Fidel-Castro-Losung, aufgemalt auf eine bröckelnde Mauer PATRIA O MUERTE, Heimat oder Tod! Ein Karibiktrachtendirndl drückt ihren Kussmund auf meine Wange und verlangt einen Peso, ein Bettler lacht mich an. Mir scheint, als sei mir noch nie so viel Lachen begegnet, eine Freundlichkeit, die so gar nichts hatte von den Miesepetergesichtern, die einem in deutschen Shoppingcentern begegnen und die unter der Last voller Einkaufstüten verbiestert in die Welt stieren, als wollten sie die Krise mimisch darstellen.

Im Supermarkt hinter der Plaza Vieja flackert eine Neonröhre über den Regalen, deren rechte leer sind und auf deren linken Ölflaschen Parade stehen bis ins Finstere des Ladens, wo ein Foto von Che Guevara hängt. Che und Fidel – die Helden meiner Pubertätspickeljahre, der wilde Träumer Che und der Bilderbuchrevolutionär Fidel, der acht CIA-Attentaten entging und der beim Dresdenbesuch den Bodyguards entkam und der den Biedermannschlipsträgern der SED das Protokoll versaute. Während meine Studentenfreundin Karl May las und von Winnetou schwärmte, schwärmte ich von Fidel und seiner Revolution.

»Das ist von seinem Sozialismus geblieben«, sagt unser kubanischer Guide Juan und zeigt auf das Armenviertel, durch das wir im Oldtimer fahren und aus dessen Kofferradio die Beatles Yesterday singen. Ich argumentiere mit Castros Sozialleistungen, Gesundheits und Bildungswesen kostenlos, Strom enorm billig, und Juan sagt: »Aber um welchen Preis.« Ich dachte an die Slums von Neu-Delhi und das verfallene Detroit und dachte, es braucht den Sozialismus nicht, um Armut zu besichtigen. Aber es war doch wenigstens der Versuch einer gerechteren Gesellschaft. »Ja«, sagt Juan, »Geburt und Sterben sind bei uns kostenlos, nur dazwischen kanns beschissen sein, wenn du arm bist.« Wir fahren jetzt an Villen vorüber. Darin stirbt die Revolution. Hier will keiner Veränderungen. Der Mensch ist kein Zoon politikon, der Mensch ist ein Zoon egoisticon. Ohne Menschen hätte der Sozialismus gesiegt. Abends spielt der Buena Vista Social Club, die 87-jährige Legendendiva Omara Portuondo tanzt und singt mit so viel Lebensfreude, die uns in unserem satten Leben abgeht, zugemüllt von Konsum. Wir sind so satt. Wir bewegen uns nur, um unsere Sattheit zu erhalten.

Am nächsten Tag fahren wir ans Meer, überholen auf der Autobahn eine Pferdekutsche, der Wind bläst uns im Cabrio ins Gesicht. Wären B und ich Marilyn Monroe und James Dean, die Filmszene wäre perfekt.

»Weißt du«, sagt Juan, »egal welcher Ismus, die Menschen wollen nur bisschen besser leben.«

Der Atlantik ist glatt wie ein Türkisspiegel. Keine Bewegung in Sicht. In Ufernähe lauern die Finanzhaie und lecken Blut. Am Strand auf dem Lifeguard-Hochsitz kein Retter in Sicht. Hinter mir flüstert es: Venceremos. Ich sehe mich um. Es war die Asche von Fidel Castro.

Ich habe keinen weißen Bademantel wie Udo Jürgens. Und

Ich war noch niemals in New York

2011

Mein Pillnitz lob ich mir. New York ist laut. Pillnitz ist nicht so laut. Unter den Weinbergen trommeln keine Schwarzen zwischen vorbeidonnernden U-Bahnen, ich muss mich in der Schlossschänke von keinem Fahrstuhl in einen 86sten Stock schießen lassen – in Pillnitz gibt es gar keinen Fahrstuhl. Nachts aus dem Fenster blicke ich in Pillnitz nicht auf die Hektik aus Tausenden Reklamen auf dem Times Square, sondern auf die roten Buchstabenlämpchen meiner Sparkasse, die bescheiden hinter den Silhouetten meiner Gartenkürbisse glimmen – das ist meine Skyline.

New York ist aufregend. Das Aufregendste in Pillnitz ist das Gerücht, ein Puff würde bald seine Pforten öffnen. Die Pillnitzer fürchten sich vor Verkehrslärm. New York ist Welt, Pillnitz ist Dorf. Dass ich froh war, aus der Welt wieder in mein Dorf zurückzukehren, möge man mir bitte nicht als antiamerikanisch auslegen. Ich habe Freunde kennengelernt. Mit denen stand ich dort, wo einst die Twin Towers standen. Ein Flugzeug flog über Manhattan, als wir auf dem Empire-State-Building dem Himmel nah waren, und ich begriff etwas von dem Schock, der an jenem Nine-Eleven über Amerikas Unangreifbarkeit kam. Unsere uns begleitende Freundin Rebecca war Zeugin, als zum Gedenken die 2791 Namen der Opfer verlesen wurden, und ich wagte sie nicht zu fragen, wer denn die Namen der auf 250 000 geschätzten getöteten Zivilisten in Afghanistan und im Irak verlese.

So viele Opfer und kein Gewinner außer den hohe Zeit feiernden Rüstungskonzernen. Die »Verteidigung am Hindukusch« kostete Deutschland über eine Milliarde Euro. Wer bezahlt die Spesen? Für den Kriegseinsatz bedankte sich vor Tagen der Bundespräsident bei den Soldaten. Über fünfzig deutsche Soldaten werden den Dank nicht mehr hören. Tote hören schlecht. Soldaten in einen nicht gewinnbaren Krieg schicken – umgangssprachlich nennt man das fahrlässige Tötung. So viele ungestellte Fragen, als Rebecca in einem Nachtclub mit mir anstieß und ihr indischer Freund einer Burlesk-Stripperin einen Schein ins Strumpfband schob. Im Taxi fuhr uns ein lachender Ägypter (»Hidler gudd!«) zur Wall Street an jene Stelle, an der kürzlich der Dokfilm-Provokateur Michael Moore ein rot-weißes Warnband vor die Banken zog mit dem Schild VORSICHT VERBRECHER! Ich stand vor der

Börse mit den beschlipsten Strahlemännern in ihren schwarzen Anzugsuniformen zusammen an einem Stand nach Thüringer Bratwurst an und dachte: So was kann doch die Welt nicht ins Unglück stürzen.

Von der Wall Street zurück nach Frankfurt geht der Direktflug, unter uns Europa als stürmisches Meer, und ich sehe unter mir uns alle auf einem Schiff ohne Steuermann, nur ein paar Herren und eine Frau spielen auf der Kommandobrücke Kapitän und bestaunen die Bordinstrumente. Sie beherrschen nichts, aber das beherrschen sie ausgezeichnet. Die Kanzlerin ruft »Schiff ahoi!«, aber keiner sieht Land. Wir haben alles im Griff auf dem sinkenden Schiff. Udo Jürgens singt im weißen Bademantel, und ich war tatsächlich in New York. Hinter mir hängt über Manhattans Nacht ein heller Himmel als Spiegel des Lichtermeers. Über Pillnitz hängt der Mond.

Alles meine

Erinnern Sie sich?

Es muss an einem trübgrauen Novembertag gegen zehn Uhr kurz vor unserer Zeitrechnung gewesen sein, als Kunibert, verdienter Ackerbauer seines Stammes, übelgelaunt eines Streites mit seinem Weibe Kuniberta wegen, wütend ein paar Pflöcke rings um seine Hütte in den Boden rammte und seinem Nachbarn Kunigund entgegenschrie: »Alles meine!«

Stammesgenosse Kunigund war bislang mit Kunibert durch die Gentilordnung zu gegenseitigem Schutz und Beistand verpflichtet und gemeinsam erarbeiteten Feldertrag gemeinsam zu teilen, so dass es weder arm noch reich gab. Was in den Geschichtsbüchern heut als barbarische Produktionsweise bezeichnet wird. Doch nun fiel Kunigund ein Satz ein, den Rousseau knapp zweitausend Jahre später schreiben wird: »Der Boden gehört niemandem, die Früchte allen.«

Also stürmte Kunigund des Nachbarn widerrechtlich angeeigneten Privatbesitz, zerstörte den Zaun, worauf Kunibert rasend vor Wut mit einem Pflock Kunigunds Weib Kunigunde erschlug, was Kunigund veranlasste, aus Rache Kunibert samt Kuniberta mit zwei gewaltigen Schlägen niederzustrecken, dass das Blut wie Bäche über die Äcker floss.

So begann nach der Barbarei das Zeitalter der Zivilisation.

Ach, hätte doch Kunibert niemals ein Stück Erde mit einem Zaun umgeben. Wie viele Kriege und Tote wären unserer Mutter Erde erspart geblieben. Wir könnten ja zurück auf die Bäume und noch mal von vorn anfangen, um es besser zu machen.

Aber wir dürften ja auf die Bäume gar nicht rauf. Der Wald ist längst privatisiert.

Wolfgang Schaller erinnert sich: »Zur Einweihung des restaurierten Dresdner Staatsschauspiels 1995 hielten alle Chefs der Dresdner Theater feierliche Reden. Rechts im Bild der Intendant Dieter Görne mit Schauspielern, in den ersten Saalreihen die Ehrengäste von König Kurt nebst Landesmutter, Ministern und OB. Meine Stimme zitterte. Verstörte Gesichter in den ersten Reihen, bis aus den hinteren Logen sich erste zaghafte Lacher wagten, die von Satz zu Satz mutiger wurden, bis sich auch einige vom Hofstaat vorn ein müdes Lächeln abringen konnten.«

Satire versagt, wenn die Wirklichkeit wie Satire klingt.

Europas Wahlverwandtschaften

Europawahlen 2019

Aller fünf Jahre wieder rufen Europas Regierende ihre Völker an die Urnen. Es gibt Spitzenkandidaten. Dann wählen die Völker. Nach der Wahl spielt der Wille der Völker samt Spitzenkandidaten keine Rolle. Dann wird in den Hinterzimmern irgendein Kaninchen aus dem Hut gezaubert und emporgeschachert. Worauf sich die Wähler gänzlich verarscht vorkommen. Denn wenn Demokraten hinter verschlossenen Türen entscheiden, können sich die Wähler bei der nächsten demokratischen Wahl gleich für die Diktatur entscheiden. Mein Freund schlug vor, man müsse in Europa einen finden, den alle lieben können und der rechts und links und die Mitte vereint. Vielleicht André Rieu. Europa im Dreivierteltakt. Aber ich denke, der würde es vielleicht auch vergeigen. So begnügen wir uns, auf Brüsseler Beschlüsse zu fluchen, die den Krümmungsgrad holländischer Bananen oder den Steigungsgrad Berliner Bergbahnen vorschreiben. Eine neue Verordnung lässt nur noch Staubsauger bis 900 Watt zu, was ich vernünftig finde. Denn wie oft schon musste mich meine Frau aus dem Staubbeutel zerren, weil sie mich aus Versehen mit ihrem 2000-Watt-Monster aufgesaugt hatte, als ich auf dem Teppich lag. Demokratischer wäre natürlich eine Volksabstimmung über Staubsauger, aber wohin führt denn Demokratie, wenn das Volk abstimmt? Den Griechen wird nachgesagt, sie hätten in der Antike die Demokratie erfunden. Aber damals durften nur die

Bürger wählen, das betraf zehn Prozent der Bewohner. Die Genossen werden sich damals schon was dabei gedacht haben. Da machen Sie sich mal um die Zukunft Europas keinen Kopf, überlassen Sie das den Köpfen unserer Finanz- und Wirtschaftseliten. Wir brauchen, hat unserer Kanzlerin gefordert, eine marktkonforme Demokratie. Sollten Sie auf die Idee kommen, dass eine Demokratie, die sich nach dem Markt orientiert, eine Diktatur ist – vertrauen Sie Ihrer Idee. Ein bekannter Politiker hat kürzlich gesagt: Würde die EU einen Antrag stellen, in die EU aufgenommen zu werden, dann würde der Antrag wegen Mangel an Demokratie abgelehnt. Die wir wählen, haben nichts zu sagen. Und die was zu sagen haben, können wir nicht wählen. Sagte in einem lichten Augenblick Seehofer.

Ich wünsche mir ein vereintes Europa. Natürlich darf jedes Land seine Nationalität pflegen. In Frankreich dürfen z. B. Frösche geschlachtet werden. Wir dagegen bauen für die Kröten Tunnel unter die Autobahn, damit sie nicht angefahren werden. Aber im vereinten Europa könnten wir globaler denken. Da könnten wir Tunnel nach Frankreich bauen. Damit unsere Frösche nach Frankreich springen können. Die Franzosen schicken uns die Frösche wieder zurück. Ohne Schenkel. Dann könnten Frösche bei uns auch nicht mehr überfahren werden. Weil sie ohne Schenkel nicht mehr auf die Straße springen könnten. Dann überfahren wir nur noch Rentner. Das hätte für alle Vorteile. Trotzdem: Es ist wichtig, dass die Völker wählen. Alle Macht geht vom Volke aus. Das heißt, die Macht des Volkes hat Ausgang. Ich weiß nur nicht, wo sie gegenwärtig hingegangen ist. Ich bitte Sie: Helfen Sie mir beim Suchen.

Davon haben wir doch nichts gewusst.

In den Tälern der Ahnungslosen

Wir konnten doch gar nichts wissen. 2014

Auch das Nachkriegsvolk wusste nichts, obwohl das Volk im Völkischen Beobachter Welteroberungspläne des Führers hätte lesen können, bevor es ihn wählte. Und dass wir in der DDR vierzig Jahre belogen und betrogen wurden, das hat uns doch auch keiner gesagt. Wie sollten wir das gewusst haben? Und nun sind wir alle überrascht, dass ein amerikanischer Geheimdienst uns überwacht. Die Täler der Ahnungslosen sind unendlich. Schon vor Jahrzehnten berichteten Medien über das totale Abhören des Post- und Telefonverkehrs als festgeschriebenes Recht der Besatzungsmacht, das in NATO-Recht übertragen und auch mit der deutschen Einheit nie außer Kraft gesetzt wurde. Aber unser Innenminister hat das alles nur aus der Zeitung erfahren. Er hat nichts gewusst. Für wie blöd hält uns dieses Dummdumm-Geschoss aus einer bayrischen Sekte? Auch unser Bundespräsident wusste nicht, dass wir ganz legal von den USA abgehört werden, das hat ihm erst der Snowden verraten, weshalb Herr Gauck ihn einen Verräter nennt, der bestraft werden muss. Wäre Snowden Chinese und hätte die Machenschaften des chinesischen Geheimdienstes verraten, Herr Gauck hätte ihn längst für den Friedensnobelpreis vorgeschlagen. Und auch unsere Kanzlerin sitzt wie Häschen in der Grube und weiß von nichts. Wenn die NSA ihr Handy und deutsche Konzerne abhört und wenn sich unsere Kanzlerin darüber nicht beim amerikanischen Präsidenten beschwert – ist das noch Diplomatie oder ist das schon Endoskopie? Nun werden Sie sagen: Sollen sie mich doch abhören, ich habe doch nichts zu verbergen. Sie sind Lehrer? Dann mailen Sie doch mal dem Direktor Ihrer Schule, er möge morgen im Lehrerzimmer am Schwarzen Brett einen Anschlag machen. Ich wette, Sie wachen morgen früh in Guantanamo auf. Wo sind wir hingekommen? Meine Freunde beginnen die Kamera an ihrem PC abzukleben. Und ein Geschäftsmann sagte mir, er würde mit seinen Kunden nicht mehr am Telefon, sondern nur noch in einem Café verhandeln. 1984 habe ich ein Lied über die Staatssicherheit geschrieben. Ich hätte nie gedacht, dass dieses Lied noch einmal so aktuell werden würde.

Lied vom Lauscher

(nur die beiden Schlusszeilen entstanden erst 1990)

Ich habe eine Eigenschaft, die bringt mich langsam
    um:
Ich muss lauschen, lauschen, lauschen, lauschen
    lauschen.
Hätte ich nicht diese Eigenschaft, ich gäbe
    sonstwas drum.
Keiner möchte mit mir tauschen, tauschen
    tauschen.
Ach, ich könnte mich bedauern, dauernd muss ich
    lauschend lauern,
und so komm ich Tag und Nacht nicht aus dem
    Zimmer.

Einen hör ich hinter meinen Wänden immer.
Meine Tragik ist, ich bin dazu geboren,
denn ich hab seit der Geburt zu große Ohren.
Vielleicht reden sie unter mir über mich?
Sind sie über mir wirklich auch unter sich?
Flüstert links an der Wand etwa dieser Mann
vielleicht grad über den von rechts nebenan?
Würde ich das Lauschen lassen, könnte ich ja was
    verpassen.
Hören Sie mal auf mit Rauschen ...
Ich muss lauschen, lauschen, lauschen, lauschen
    lauschen.

Ich hungre schon seit Jahren, denn ich kaue viel zu
    laut,
und dann höre ich sie nebenan nicht essen.
Wissen Sie denn, was es heißt, wenn man sich
    nicht zu schlafen traut,
aus Angst, im Schlaf das Horchen zu vergessen?
Und wohin mit meinen Trieben? Ich möcht mich
    auch mal verlieben.
Eine, die ich einmal überredet hatte,
dass ich sie beim Lauschen nebenbei begatte,
musst ich mittendrin erwürgen, denn sie störte,
weil ich bei ihrem Gestöhne nichts mehr hörte.
Was ich weiß, weiß nur ich. Wie das quälen kann,
wenn man das, was man hört, nicht erzählen
    kann.
Denn entweder, ich rede, dann rede ich.
Doch dann hör ich die Reden der andern nicht.
Hören Sie mal auf zu sprechen,
denn das könnt sich bitter rächen.

Sein Sie endlich einmal still,
weil ich lauschen, lauschen, lauschen lauschen
will.

Ich werde langsam älter, das Gehör lässt mich im
Stich,
und ich press das Ohr vergeblich an die Wände.
Und ich höre in das Schweigen, doch sie reden
sicherlich,
so entschließ ich schließlich mich zu einer Wende.
Ich muss, damit ich horchen kann,
an die Leute näher ran.
Ei, wer sind denn Sie, fragt nebenan Frau Stange?
Keine Angst, sag ich, ich kenne Sie schon lange.
Als Beweis beweis ich alle ihre Schwächen,
und sie lauscht, und ich kann endlich einmal
sprechen.
Über mir, da bedankt ein seniler Greis
sich dafür, dass ich seinen Geburtstag weiß.
Unter mir wundert sich die Familie sehr:
Wo kennt der fremde Mensch die Familie her?
Alle rufen voll Empören, warum lauschen Sie und
stören?
Stellen Sie uns eine Falle?
Ach, ich liebe euch doch alle.
Ach, ich liebe euch doch alle.

2017. Ich liebe das Meer. Berge deprimieren mich, sie las-
sen mich begreifen, wie klein ich bin.

Sommeridylle

Das Sommerloch und andere Löcher einschließlich Loch
Ness

Hinter der Düne wellt sich das Meer, und ich sehe von
der Veranda aus am Horizont die Sonne ins Wasser
fallen. Ein Strahl wie aus einem Scheinwerfer trifft
den Strand. Der Fernseher hinter dem Biertresen läuft
sich warm und zeigt Krawalltouristen in Hamburg. Ich
finde es seltsam, dass die Sonne tausend Strahlen hat,
aber nur einen einzigen sehe ich. Den schickt sie genau
zu mir, so dass meinem Blick nicht die beiden Nackten
entgehen, zwei Hotelgäste, die mir schon beim Nach-
mittagskuchen durch ihre Leibesfülle aufgefallen waren. Und als sie nun Hand in Hand ihre Bäuche ins
Wasser schieben, scheint der Meeresspiegel zu steigen.

Herr Senfkorn neben mir folgt gebannt der Kriegs-
berichterstattung im Fernsehen, wo soeben live Ka-
puzenvermummte und Polizeihelmvermummte auf-
einanderschlagen. Herrn Senfkorns Frau interessierte
sich nicht für Politik und zog mich, auf die beiden
Nacktbäuche im letzten Sonnenstrahl weisend, in ein
Gespräch über Diäten, sie selbst äße nur noch Din-
kelbrot und gluten- und laktosefreie Tofuhähnchen,
das habe sie bei einer Ayurvedakur in Indien gelernt,
die sie gemeinsam mit ihrem Hund gemacht habe, im
Ashram in einem Fünfsternehotel, wo sie Wellness mit
Sheng fui in einer Bachblütenbadewanne mit Gewürz-
gurken-Koi-Aroma genossen habe, sie könne mir auch

Bilder zeigen, Selfis mit zahnlosen Krüppeln, um auch mal bisschen Lokalkolorit einzufangen. »Was möchten Sie trinken?«, fragt der Kellner. »Einen Molotowcocktail«, sagt Herr Senfkorn und lacht. »Der Schaden durch Gewalt geht in die Millionen«, sagt der Nachrichtensprecher. »Der G-20-Gipel war ein Erfolg«, sagt Frau Merkel. »Wir waren auf dem linken Auge blind«, sagt Bayerns Innenminister. Ich denke: Furchtbar, auf beiden Augen blind sein. »Auch ein gesunder Schlaf ist wichtig«, sagt Frau Senfkorn, »ich war jetzt beim Schlafcoach, weil ich so unruhig schlafe, der hat mir eine Matratze mit optimalem Feuchtigkeitsmanagement empfohlen, die müssen Sie auch mal versuchen.« Ich bin doch kein Bettnässer, denke ich. Hamburg-Live auf ARD ist zu Ende. Herr Senfkorn mischt nun im Livestyle mit und sagt: »Meine Frau nimmt Anti-Aging-Creme. Die macht, steht in der Gebrauchsanweisung, zwanzig Jahre jünger.« – »Nichts für meine Tochter«, sage ich, die ist achtzehn.« – »Das wäre Abtreibung«, lacht Herr Senfkorn. Herr Senfkorn ist sehr lustig. Auf ARD spricht nun eine Talkrunde über die Ehe für alle. Zwei Männer sagen, sie hätten sofort vor Freude über das Gesetz geheiratet, obwohl sie gar nicht schwul sind. Aber sie seien Geschäftsleute und kämen nun mit dem Ehegattensplitting steuerlich besser. »I hab a nix gegen Homos«, sagt ein Bayer, »bloß schwul dürfens net sein.«

Die Sonne ist baden gegangen. Sie zeigt am Horizont nur noch ihre rote Badekappe. Das nackte Ehepaar taucht als schwarze Silhouette aus dem Wasser und sieht einen Augenblick aus wie zwei Ungeheuer aus Loch Ness. Es ist Sommer.

Ein Fußballmärchen

Ist das nicht schön?

Irgendjemand in der Ostukraine schießt. Ein Kind wird in Syrien erschossen. »Schieß doch!«, höre ich B im fernsehflimmernden Wohnzimmer rufen. Deutschland jubelt. Ein Volk von Jammerlappen und Nörglern endlich einmal im Freudentaumel! Patriotismus ist kein schamhaft versteckter Fetisch mehr. Stolz darauf, ein Deutscher zu sein: ob rot, ob schwarz, ob braun – nun darf sichs jeder traun. Ist das nicht schön? »Drei Gegner bezwungen, und wenn wir taktisch klug verteidigen, werden wir auch die Schweden noch schlagen«, jubelt der Reporter. Jeder Sieg ein Tag der Befreiung. Eine Befreiung von all dem Politikergefasel, unser Land stehe am Abgrund oder noch einen Schritt weiter – nein, jetzt lassen wir uns mal unser Land nicht schlechtreden.

Ich weiß, ich schieße mir ein Eigentor, wenn ich zugebe, dass ich beim deutschen Siegesschuss keinen schwarz-rot-goldnen Hautausschlag kriege und dass ich froh bin, wenn mir kein Bauchladenfleischer schwarz-rot-goldne Würstchen verkauft. Ich verstehe nicht viel von Fußball. Ich hatte in meiner Heimatzeitung auf der WM-Seite HINTEN ENDLICH DICHT-MACHEN gelesen, eine Überschrift, die mir aus der Apotheken-Umschau bekannt vorkam und die Erinnerung wachrief, dass vor vielen Jahren der damals bekannte Fußballer Paul Breitner nach einem komplizierten Länderspiel einem Reporter gestand: »Wir hatten alle die Hosen voll, aber bei mir liefs ganz flüssig.« Er hätte hinten dichtmachen sollen. Wie steht es, rufe ich ins Wohnzimmer. Noch null zu null, ruft B. Ich rufe: Für wen? Die Italiener sind schnell auf den Beinen, ruft B. Jaja, rufe ich, molto bene. Vorige Wochen, die Griechen, die waren uns unterlegen, sagt B. Das waren sie uns schuldig, antworte ich. Kennst du den? Ein Grieche, ein Portugiese und ein Deutscher gehen zusammen in den Puff. Wer muss zahlen? Deutschland. Ist das nicht schön?

Der Jubel bricht aus. Ich bitte Sie, mir die Stimmung nicht zu verderben mit solchen Nörgeleien wie: korrupte FIFA. Na und? Man sagt doch auch nicht weißer Schimmel. Und was heißt, Blatter habe so viel an Schmiergeld angehäuft, dass neben dem Matterhorn das Blatterhorn entsteht? Einverstanden: Herrn Blatter einen sauberen Geschäftsmann zu nennen ist so, als würde man die Salmonellen in den Eiern für gesundheitsfördernd halten. Aber das kann uns doch nicht den Spaß verderben! Wieso sollten wir ausgerechnet der FIFA die Gewinne neiden, wo wir doch die Millionäre auf dem Rasen als Helden feiern? Wir haben Brot, und jetzt haben wir auch Spiele. Ist das nicht schön? Paul Breitner steht jetzt neben dem Reporter und gibt eine Prognose über den Endstand ab. Zwei zu null für uns, sagt er. Ich gehe zu B ins Wohnzimmer und frage sie: Wie spät ist es? B antwortet: Es ist null zu drei. Dann folgt ein Jubelschrei. Nun hat er endlich geschossen, sagt B. Dann folgen Nachrichten. Sunniten schießen auf Schiiten und Kurden mit deutschen Waffen auf Kurden. Es ist wieder Alltag. Ich liebe plötzlich Fußball.

Schießen II
2019 – Nach Lage der Lage ist zur Zeit niemand zum
Frieden in der Lage, denn unsere

Sicherheitslage

ist unsicher,

sagte ein Sicherheitsexperte auf der Sicherheitskonferenz. Der Lage nach kann es sogar Krieg geben!, sagte der Leiter der Sicherheitskonferenz. Es gäbe Missverständnisse zwischen den Großmächten, sagt er. Da sagt auf der Sicherheitskonferenz unsere Kriegsministerin, wir müssen aufrüsten und uns stärker militärisch beteiligen. Sorry, wenn durch Missverständnisse meine Lage zu meinem zänkischen Nachbarn schwierig wird, dann versuche ich abzurüsten und nicht auf. Da stimme ich ihn lieber mit ein paar Blumen milder, als dass er mir das Haus zerstört. Da bastle ich doch keine Bombe, damit ich ihm auch das Haus zerstören kann. So ist doch die Lage! Auch NATO-Generalsekretär Stoltenberg sagte auf der Sicherheitskonferenz, die Lage sei noch nie so ernst gewesen. Ja, wer führt sie denn herbei, die Lage? Mit immer höheren Rüstungsausgaben und einem Militäretat der NATO, der zwölfmal höher ist als der von Russland. Stoltenberg sagt, er wolle mit Russland keine Konfrontation. Er habe die Manöverteilnehmer an der lettisch-russischen Grenze gewarnt: »Wenn ihr Kirchen mit Zwiebeltürmen seht, die heißen Basilikum, dann seid ihr schon zu weit marschiert.«

Die Lage ist ernst. Wenn bei Manövern entlang der russischen Grenze über NATO-Panzereinheiten russische MIG-Jäger fliegen, braucht der Soldat auf beiden

Seiten keinen Kriegsbefehl. Da genügt es, wenn einer mal durchdreht.

Warum weitere Sanktionen gegen Russland? Weil Putin die Krim annektiert hat? Warum keine Sanktionen gegen Erdogan, weil er syrisches Gebiet annektiert? Mir fallen dummerweise noch andere Länder ein, die fremde Gebiete annektieren. Und würden wir gegen die USA wegen Völkerrechtsverletzungen Sanktionen verhängen, wir dürften keine Tube Zahnpaste mehr nach Amerika liefern.

Stoltenberg fordert, Russland müsse gezwungen werden, in den INS-Vertrag zurückkehren. Und ich hatte immer gedacht, Trump habe diesen Vertrag als Erster gekündigt. Aber da bin ich wohl nicht auf dem neusten Stand der Lüge. »Wie wir mit Russland umgehen ist ein Skandal.« Jetzt berufe ich mich schon auf den Erzengel Gabriel. Verständlicherweise müssen all die NATO-Generäle die Friedensangebote Putins und seines Außenministers überhören. Wenn sie keinen Anlass für einen Krieg finden, gäbe es ja keinen Grund aufzurüsten. So ist die Lage.

In der BILD las ich, Hitler habe nur einen Hoden gehabt, was zu Minderwertigkeitskomplexen führte, die er irgendwie abreagieren musste. Seit ich das weiß, bitte ich, alle NATO-Generäle zu untersuchen, ob sie zwei Hoden haben. Und wenn nicht, gilt die alte DDR-Losung: Nimm ein Ei mehr. Zur Sicherheit.

PS: Liebe Leserinnen und Leser – hören Sie nicht auf mich. Ich bin von gestern und würde, so wie es auf jeder Zigarettenschachtel steht, auch auf jede Waffe schreiben: ACHTUNG, KANN TÖTEN!

Es gab nach dem Jahr Null der neuen Zeitenrechnung Hoffnung auf eine Friedenszeit. Was haben wir nicht alles geträumt? Die Mauer fiel, der Kalte Krieg schien vorbei, Gorbatschow und Reagan reichten sich die Hände, um die Welt von Waffen zu befreien. Und heute? Kranke Gehirne träumen von neuen Atomraketen, ein Politclown in Amerika versetzt mit Twitternachrichten die Welt in Albträume. Abrüstungsverträge werden gekündigt. Die Welt ist zerbrechlicher als je zuvor. Vor fünfunddreißig Jahren schrieb ich zusammen mit Peter Ensikat ein

Friedenslied

1985

Friede mit unseren Freunden.
Friede mit unserem Feind.
Friede auch noch mit jenem,
mit dem uns nichts vereint.

Friede mit unserem Nachbarn.
Friede auch mit dem, der stört.
Friede mit unsrem Kinde,
auch wenns nicht auf uns hört.

Friede mit Kellnern und Gästen.
Friede im hektischen Stau.
Friede mit Tanten im Westen
und auch mit der eigenen Frau.

Friede mit allen, die streiten,
mit Kreml und mit Capitol.
Friede! Es sei denn wir wollen,
dass uns der Teufel hol.

Der Narr und der König

Achtung, gleich wird das Volk grölen. Im Vorgefühl des Erfolgs holt der Narr auf der Bühne genüsslich Luft, um dann den erprobten Witz in den Saal zu blasen. Es ist ein Witz über den König. Ein mutiger Narr! ruft das Volk. Es lebe der Narr! ruft das Volk. Aber siehe da: In der Loge sitzt vergnügt der König. Das Volk bemerkt des Königs Lachen, verneigt sich tief empor zur Loge. Ein toleranter König! ruft das Volk. Es lebe der König! ruft das Volk. Unbemerkt von der Menge zwinkern sich Narr und König zu. Dann fährt der Narr nach Hause in sein Narrenhäusel, das kaum bescheidener anmutet als des Königs Schloss. Einen Augenblick verweilt der Narr vor der Vitrine, in der er sein helles Narrenglöckchen gefangenhält, und erinnert sich an Zeiten, da er es leis läuten ließ, mit feinem Biss und weisem Spott. Dies leise Geläut aber dröhnte dem einstigen König schmerzhaft in den Ohren. Und er drohte dem Narren, ihn samt Glöckchen in den Turm zu sperren, den dickgemauerten, dass kein Missklang mehr störe des Königs Feste. Gefährlich leben aber war nicht die Stärke des mutigen Narren. Und es verstummte das Geläut. Stumm blieb der unfreie Narr.

Längst hat das Volk den König ausgewechselt und lacht jetzt frei über die freien Späße des freien Narren. Und der König sitzt also in seiner Königsloge und lacht über die Königswitze, so laut, dass der Narr den Witz noch lauter in den Saal blasen muss, und lauter Köpfe schütteln sich vor Lachen und lauter Schenkelklatschen, bis die Köpfe zwischen den Schenkeln steckenbleiben. Da holt der Narr übermütig sein Glöckchen aus der Gefangenschaft und lässt es leise läuten. Doch die Köpfe zwischen den Schenkeln können es nicht hören, und im Saal schweigt es still. Und das Geläut verstummt, da keiner zuhört. Stumm bleibt der freie Narr. Der König lächelt weise.

Verzeichnis der Texte

Bildquellen:
Fotos: Hans-Ludwig Böhme, Robert Jentzsch, Karoline Bünker
u. a.
Plakate: Katja Noetzold und Hans-Ludwig Böhme nach
Entwürfen von Wolfgang Schaller
Karikaturen: Manfred Bofinger

Eulenspiegel Verlag – eine Marke der
Eulenspiegel Verlagsgruppe Buchverlage

ISBN 978-3-359-01179-8

1. Auflage 2020
© Eulenspiegel Verlagsgruppe Buchverlage GmbH, Berlin
Umschlaggestaltung: Verlag, Wolfgang Schaller
unter Verwendung eines Motivs von Hans-Ludwig Böhme
Druck und Bindung: buchdruckerei.de, Berlin

www.eulenspiegel.com